この国で死ぬということ

一般社団法人日本看取り士会 会長
柴田久美子 著

ミネルヴァ書房

はしがき

私は「この国」で2回死んでいます。1度は小学生のとき、2度目はまだ企業戦士として働いていた30代のときでした。

実際は死ななかったのですが、私にとっては「死の体験」にほかならず、この体験がなかったら死の意味もわからず、生きる意味もわからなかったことでしょう。その回答を求めて、人口700人余りの離島に移り住んだのは今から20年ほど前ですが、それ以前の体験を含めると30年近くたっています。私がただひとり「看取り士」を名乗るに至るまでには「死の体験」もする宿命にあったのかもしれません。

これまで私は、十数冊の著書（巻末に拙書「参考図書」）を出版してきましたが、「看取り士」に関心を持たれるのはほとんどが女性でした。それはそれでよかったのです。しかしこれからの超高齢化・多死社会の到来を考えると、もっと男性の方たち、とくに団塊世代と団塊ジュニア世代の人たちに、「この国」の現実を直視してほしいと強く思うようになりました。長年の念願であった映画の制作を決意したのもそんな思いがあったからです。

ちょうどそんなときに、本書の企画編集を担当いただいた、あうん社の平野智照さんから、『この国で死ぬということ』という本書のタイトルが提案されたのです。「看取り士のことだけでなく、これからの多死社会を俯瞰的に見る本をつくりましょう」というのが、その企画趣旨でした。もっと多くの男性たちにも知っていただきたいと願っていた私にとってこの提案は渡りに船でした。

ということで本書では、これまでの著書の中から看取り文化に関することのほかに、ここ数年の活動と未来への展望なども書き加えました。私にとっては30年の区切りとなる集大成であり、新たな出発のための記念という位置づけとなります。

本書のタイトルどおり、この国はまさに多死社会の入口にあり、しかも世界にも例のないスピードで到来します。そのことを常々言っている私でさえ、時々この現実には驚かされます。

先日、奈良県で講演会をいたしました。奈良県の人口はおよそ139万人。昨年（2018年）のこの国の死者の数は実に137万人にのぼります。奈良県の人口が1年間でこの国から消えていく、これがこの日本の現実です。

昨年の出生数94万人でしたから、1年で減少する人口数は43万人にのぼります。奈良での講演の翌週、福島県郡山市で講演会をいたしました。

郡山市の人口は33万人ということですから、1年間で郡山市の人口を超える人数がこの日本から減少していることになります。しかもこの状態が今後25年続くと言われています。

子や孫が過去に経験したことの無いこの国の多死社会を乗り切るために何を手渡せばよいのでしょうか。答えはたった1つです。

それは一人一人の命そのもの。この秋、映画『みとりし』が公開されますが、映画で訴えたかったことは「命のバトンリレー」です。

今こそ命そのものをバトンできる、そんな社会づくりを目指していきたいと心から願いながらこの本に向き合っています。

2019年　春

柴田　久美子

※本文中に紹介させていただいたお名前は、一部の方を除き、すべて仮名となっています。ご了承下さい。

この国で死ぬということ——目次

第8章　看取り士たちの声 …… 185

挿絵：小林俊一

第Ⅰ部

誰もが、尊い命だから

人は、一人では生きてはいけません。
何かをしているからじゃなくて、
役に立つ、たたないのではなくて。
あなたが今そこにいること。
それが原点であり、最も大切なこと。
誰もが命がけで産んでくださった尊い一人です。

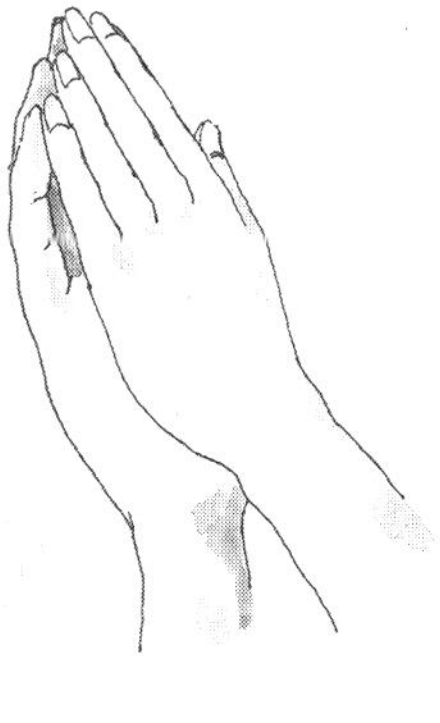

◆第1章

凛として生きる

使命と余命をかけて――映画『みとりし』制作

２００７年８月、小さな離島の看取りの家「なごみの里」に１本の電話が入りました。

「俳優の榎木孝明と申します。お伺いして、柴田さんと会ってお話しがしたい」

これが榎木孝明さんと私の最初の出会いでした。暑い夏の最中、彼は１人で看取りの家「なごみの里」に来所されました。

当時ボランティアの皆様も１カ月以上経たなければ幸齢者（高齢者を指す著者の言葉：編集者注）との面会はお断りしていました。それ程までに見学者もボランティアの方も多かったからです。榎木さんは幸齢者の方にお会いするのが目的ではなく、私と面談したいということでした。

「僕は死生観を求めて世界中を回りました。インドはもとよりマチュピチュなどにも行きました。世界中を回りながら、最後に柴田さんの看取りの家に辿り着きました。僕の求めている死生観がここにありました」と、熱く語っておられました。

当初私は短時間の面会で済むかと思っていましたが、彼は幸齢者様に出した後の伸びたそうめんを、「召し上がりますか」と尋ねると躊躇なく「いただきます」と食べてくださいました。その自然な振る舞いに好感をもった私は、話に夢中になって延々と時間が過ぎていくのも忘れていました。

夕暮れ時、「なごみの里」の玄関先で満足したように彼はこう言いました。

「人は死で終わるのではなく命は続くと確信しました」

そしてこうも言われた。

「柴田さん、看取りの現場は尊くてドキュメンタリーでは撮れないでしょうから、看取りの映画を作りましょう。その時は僕が主演をします」

この時から私と榎木さんの心の中にはすでに映像が出来上がっていたのかもしれません。

2025年の日本は、団塊の世代が75歳を超えて後期高齢者となり、国民の3人に1人が65歳以上、5人に1人が75歳以上という、人類が経験したことのない「超・超高齢社会」を迎えます。国立社会保障・人口問題研究所の試算によると、2030年に年間死亡数は160万人を超え、その後2050年ごろまで160万人台で推移していく見込みということです。

死亡者数増加の要因となっているのが、言うまでもなく高齢化の進展。「高齢者の死」の増加により、日本は今や「多死社会」を迎えつつあります。

この大きな問題を国はどう解決していくのでしょうか。

国には国の、自治体には自治体の役割はありますが、まず一人ひとりが死生観を持ち、誰もが死に逝く身であること考えなくてはいけません。そのことを伝えるために私はこれまで本を出版し、講演活動でも全国を飛び回ってきました。けれども私ひとりの活動も時間もごく限られています。この大きな問題にまっすぐに取り組んでいくためには、より広く多くの人々に伝える手段として、映画を作りましょうという榎木さんの提案は魅力的でした。しかし当時はとてもそんな余裕はなく、あっという間に月日が過ぎ去っていきました。

がんの告知が突き動かした

２０１７年に建国１５０年を迎えたカナダで「看取り士養成講座イン・カナダ」が実現しました。カナダは日本と同じで病院死が85パーセントを占め、ノルウェーをふくめ病院死80パーセント以上の３国です。

２０１６年5月、ブリティッシュコロンビア州ビクトリアで初めての講演会を行いました。そのご縁をいただいたのは元キャビンアテンダントでカナダ人と結婚したピーターソン・めぐみさんが3年前に岡山に来たのが始まりでした。スピードと効率を追い求めた世界中の人々が共通にもつ看取りの問題。カナダも例外ではありませんでした。

驚かされたのは、親の最期を見るのが辛いからと生前から会わないようにしていると言う30代の若い女性がいたことでした。親と会わないのは生前も死後も同じなので、親が死んでもショックを受けなくて済むということでしょう。もしかしたら若者の1つの傾向なのでしょうか。

講演会を聞いてその女性は泣き崩れました。「私が間違っていました。母に会ってきます」と。

そしてめぐみさんの要請を受けて、「看取り士養成講座イン・カナダ」が開講しました。

私たちの看取り学というのは、最期を看取ることだけを学ぶのではなく、死生観そのものを確かなものにして生きることです。旅立った人々の魂を重ねて生きることが今を生きる者の務めです。すべての人が誕生の時、天国行きの切符を手にしているのだから……。

カナダ研修

「看取り士養成講座イン・カナダ」の開催が決まってまもなくの2017年の春頃、映画制作への止むにやまれぬ思いが募ってきました。
榎木孝明さんとの最初の出会いから10年近く過ぎていました。
そんな中で、東京講演に向かう途中、突然胸が苦しみはじめました。講演前に内科の受診をすると、若い女医さんは直ちに精密検査を受けるように勧めました。
私は講演会があるからと断り、痛み止めと睡眠剤をいただき会場に急ぎました。呼吸することすら苦しく、１００人以上の前で到底話などできないように思われましたが、会場につくと不思議と話すことができました。

その日はすぐ翌日の講演のために大阪へ移動し、痛み止めを飲みながら床に就きましたが、苦しみのあまり眠れない一夜を明かしました。

大阪での講演を終えて岡山へ戻り、東京の女医さんの紹介状を手に、地元の岡山の病院で受診をすると、

「肺炎は治っていますが、がんが見つかりました」と医師から告げられました。

わがままに活動に明け暮れた人生。もし私の命がここで終わるなら、やり残したことはなんだろう。たった1つやり残したこと、それが榎木孝明さんとの約束でした。映画を制作することによって多死社会への警鐘を鳴らし、日本の未来が明るいものに変わるとしたら、その礎になろう。医師の診断が、私の決心を固めてくれました。

榎木孝明さんに連絡をしたその時、彼はちょうど30日間の断食の後でした。

「この映画は成功します」

電話を切る時に一言、彼は静かに断言しましたが、断食で研ぎ澄まされた彼の感性がそう言わせたのでしょう。

映画制作には相当な金額が必要ということくらいはわかっていましたが、それがどれくらいなのか見当がつきません。榎木さんから最初に提示された金額は５０００万円でした。その段階では企画者・榎木孝明さん、私とプロデューサーの３人でお金を集めればよいと、業界のことを何も知らない私は安易に思っていたのです。

まず榎木さんから嶋田プロデューサーを紹介されました。彼は誠実でとても素直な方だったので、ひと目見ただけでその瞳に映る実直さに私は魅かれました。

嶋田プロデューサーから１人の監督を紹介されたのは木枯らしの吹く寒い冬でした。古びた喫茶店で私と看取り士の仲間でその監督と初対面。映画作りは監督の考え方や技量に大きく左右されますから、私は率直にいろいろと質問させていただきました。ところが、私の質問にも答えが曖昧で、はにかむばかりの監督と会話らしい会話になりません。看取りという神聖な世界観を求めた私は、嶋田プロデューサーに「残念ながら」と一言伝えました。

嶋田さんはそれから間もなく、新しい監督を私に紹介し、時間がないことから監督が自ら台本を書くという話まで進んでいったのです。細部の看取りの場面などはともかく、大筋のところは監督を信頼してお任せすることにしました。

２０１８年２月。正式な契約のとき、制作費５０００万円のほかに、広告宣伝費（プロモーション費用）として３０００万円、合わせて８０００万円が私に請求されることがわかりました。

ただの一主婦である私に８０００万円という金額はあまりにも膨大で途方にくれました。しかしすでに公表してキャストが決まり、後に引くことはできません。その金額を受け入れ契約を交わすことは重い石を一人で自分の中に抱きかかえること。大きな不安で食事がとれなくなりました。

「借金を背負うことになるからやめなさい」と身近な人々が口を揃えて言いました。

「ばかばかしい。どうしてそんなことにお金を使うの」

たくさんの非難の声も聞こえてきます。

しかし私はがんの告知後、医療的な治療はしないと決めて、命がけでこの映画制作に取り組むことを自分に誓っていました。25年間追い求めてきた私の夢、全ての人が最期に愛されていると感じて旅立てる社会を創ること。たった一つの願いのために……。

決意は固めたものの８０００万円という金額に押しつぶされそうで、数日、食事が摂れないままに体力はどんどん落ちていきました。全国各地への講演会に向かうのもスタッフの支えがないと動けないほどになり、2時間立って話すともう一人で歩くことすら出来なくなっていました。車でスタッフの送迎を受けながら講演会が終わると車の中で体を横たえる。そんな期間がずっと続いていきました。

ある朝、いつものように小さな仏壇に手を合わせると亡き父母の言葉が聞こえました。

「大丈夫。信じる道を行きなさい」と。

全てを受け入れ、天にお任せしようと覚悟しました。

映画制作への支援の輪

看取り士の仲間たちはこの膨大な金額に驚きながらも何とかしようと映画制作実行委員会を立ち上げてくれました。

映画『みとりし』制作応援ページを立ち上げてくれた大橋尚生さん。各地で講演会を開きその収益を映画制作に当ててくれた清水直美さん、西河美智子さん。映画制作実行委員会には私がまったく知らない方々からの寄付が振り込まれるようになりました。

ちょうどそんな頃に看取りをさせていただいた池本助夫さんからは「旅立たれた奥様の御遺志」とおっしゃって多額の寄付をいただきました。それでも８０００万円という金額はあまりにも膨大すぎます。

映画制作費用という高い壁の前に、悶々とする日々を暮らしながらも、ロケ地選びや撮影の準備は順調に進んでいきました。

そんなとき、岡山県高梁市でのロケを強く希望する私の前に岡山水害が立ちはだかったのです。ロケ隊は全員神戸で足止めされ岡山に入ることすらできません。我が家の近所でもボートレスキューで救済されるという状況が続きました。やむなくロケは中断され関東の近くで再度進めるかどうか

話し合われました。

私は、10年以上も吉備国際大学短期大学部の講師をさせていただきました。そんなご恩のある高梁市の復興の支援ができればと、復旧作業が落ち着くのを待って高梁市のロケを再開したのは暑い夏でした。

2人の中国人の方を紹介していただいたのはそんな時です。

「私達は本物の生き方を探しに日本に来ています。あなたを応援したい」

輝く瞳でそうおっしゃったのは梁正中先生と陳暁麗氏です。私の講演会にお越しいただき、私の著書も全冊購入していただいたということもお聞きし、感激するとともに勇気をいただきました。

それからです。まるで神様の計らいかのように映画制作への支援の輪は急速に進んでいき、2018年12月、制作費用5000万円を何とか支払うことができました。一介の主婦が大きな夢に向かって大きな一歩を踏み出した瞬間でもありました。長年の夢は多くの方々の善意に支えられて、映画『みとりし』という形をとったのです。

臨終の前の高鳴る鼓動の中にある静寂で穏やかな時間、臨終の後にくる長い静寂な世界は、ほとんど動きはありません。時間も止まったままの静止画を見るような場面です。

そういう看取り士の世界観を映画で描こうとした時、「動の世界」では表現できないものがあります。そしてまた、お迎え現象や命のバトンを受け渡しした後の家族の魂のエネルギーの高さ、こう

した事象は映画では表現しきれないと監督に言われ、やむなく私は断念しました。

本来、看取り士の世界は、長い長い静寂の世界の中にあります。人の動作、表情、セリフなどで表現をする動画（映画）の中では、この長い静寂の世界を表現しきれないのはやむを得ないことなのでしょう。

私の愛読書『星の王子様』の中で、星の王子様は「一番大切な事は、目に見えない」と言っています。金色に揺れる麦畑をそよぐ風の心地よさ、かぐわしい一輪のバラの香り、夜空にきらめく五億の星のきらめき。このどれもが映画では表現しきれないものなのでしょう。

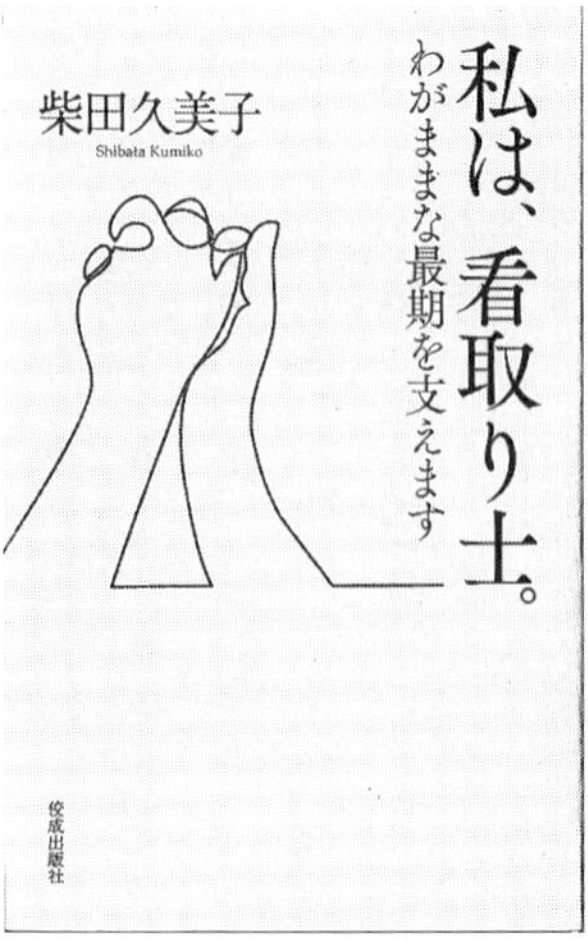

映画の原案『私は、看取り士』
（佼成出版社 2018年）

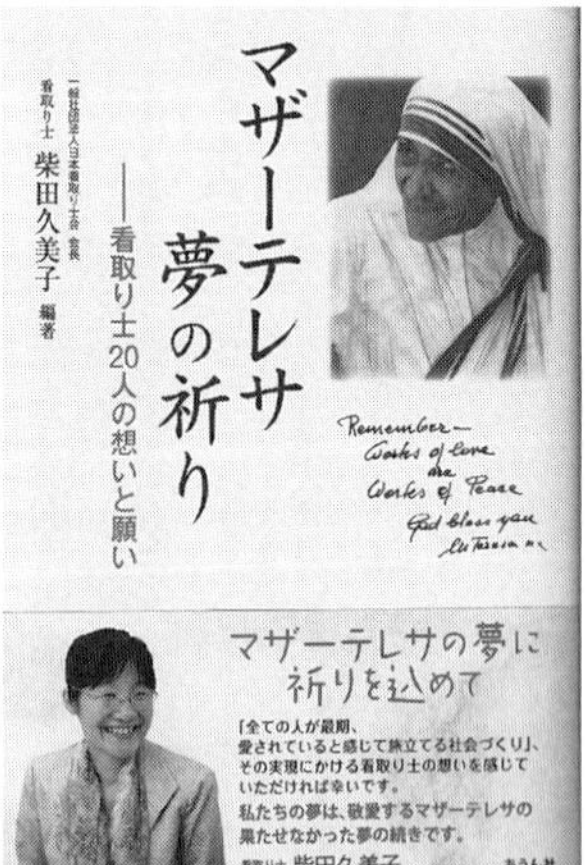

カナダ研修の後、看取り士20人の寄稿をまとめた編著『マザーテレサ　夢の祈り』
（あうん社　2017年）

星の王子様の言葉を思い出しながら、正直、私の心の中にある種のあきらめの心が芽生えたのも事実です。ですから映画のストーリー展開にしても、私が制作に入る前に書いていた台本とはずいぶん違っていましたが、この映画を通じて多くの人に「看取り士の世界」や多死社会に向かっている現状などを知ってもらえればそれでよいと観念したのです。

数々の山を越えて、映画『みとりし』は完成しました。２０１９年9月から全国の映画館で公開され、自主上映会を全国で開くとともに、ＤＶＤも制作されます。

映画制作の途中、逢沢一郎衆議院議員との出会いをいただきました。

「２０２５年問題」の解決に向けてご尽力されていた逢沢先生は、「ぜひ国会内で映画『みとりし』の試写会をしましょう」とおっしゃられた。そして２０１９年3月12日、国会での試写会が開催されました。

映画議連会長という衆議院議員の野田聖子先生にもご挨拶いただき、「この映画を世に出すことを応援しています」と嬉しいお言葉をいただいた。

また、逢沢先生は試写会のあと、「求められていること、必要なことは世に出さなくてはならない。命を継承していく、命のバトンを受け渡す少子化対策の原点はここにあるのかも知れないですね」と暖かい応援の言葉をかけてくださった。

2025年問題、この大きな問題を子孫に負債として残してはならない。この国が本当の豊かさを手にするために――。

凛として生きていきたい

映画制作は、私たち「看取り士」の活動PRが一義的目的ではなく、1人でも多くの人に「この国で死ぬということ」の現実を認識してほしいという思いがありました。多死社会の到来は待ったなしでそこまで来ているからです。もちろん看取り士になる方をもっと増やしていく必要がありますが、おそらく令和元年の向こう1年間で千人以上になると思います。

私が島根県の知夫里島で看取りの活動を始めてから21年、「看取り士」と名乗るようになって8年が経ちました。福岡時代を合わせると26年ですが、のちにお話しする「死の体験」の蘇りから数えると30年余りということになります。つまり私はこの国で、すでに潜在意識の中では、看取り士になる運命にあったということです。

離島に移る前に、福岡の老人ホームで働いたこともその伏線になりました。

1993年　福岡時代、介護士として老人ホームで働く

１９９８年　島根県の離島・知夫里島へ単身で移りホームヘルパーとして働く
２００２年　知夫里島に「なごみの里」を開設
２０１１年　「看取り士」をひとりで名乗る
２０１２年　日本看取り士会を設立
２０１４年　島根県米子市から岡山市内に拠点を移し現在に至る

私は、昔勤務していた福岡市内の老人ホームで苦い経験をしています。間もなく旅立ちを迎える利用者さんを、その方の意志に反して施設の判断で病院に搬送するという現場を何度も目の当たりにしたことです。以来、「看取る」ということにこだわり続けてきました。独立した当初は島根県にある離島で１人細々とやっていましたが、そのうちに共感してくれる仲間に出会い、２０１２年に「日本看取り士会」を設立。今（２０１９年6月現在）では、全国に５００人以上の看取り士の仲間ができました。多くの方から看取り士の必要性を感じていただき、その数は現在も増え続けています。また、これまで、私たちの活動にご賛同、ご協力、ご支援くださった方もたくさんいらっしゃいます。そうしたお一人お一人のご協力があり、ここまで看取りの活動が続けてこられましたことに、心から感謝申し上げます。

介護の仕事をする前、私は大きな挫折を味わいました。そんな人生の苦しみや看取り士の活動の内容などについてはおいおいお話ししていきますが、この30年間、私がいつも心掛けてきたことは、どんな辛いことがあっても「凛として生きたい」ということでした。そのことを私に教えてくださったのは、介護や看取りを通じてお出会いした「幸齢者」でした。

そうした幸齢者様たちは、私にとって観音様のように見えました。そんな思いを短いエッセイでつづったのが介護日記『私の出会った観音様たち』です。

介護士、ホームヘルパーとして働いていた頃、私は「介護日記」という短いエッセイを、篠原ホームサービスという会社の機関紙に100回ほど連載させていただきました。

いま読み返しても当時の私の心境を懐かしく思い出しますし、私にとっては看取り士の原点がここにあると思っています。『幸せになるヒント——わたしの出会った観音様たち』という題名で、本書と同時期にミネルヴァ書房から出版されることになりましたが、その2篇だけここに紹介します。

私の出会った観音様たち（2篇）

◆一輪の花に愛

「先生、お食事はどこに行けばいいの？」

（ホームでは、入所者が何かを聞く時、だれからも「先生」と呼ばれる）

もう何年も毎日毎日、毎食毎食、不安そうに聞かれる。

「今一緒に行きますからお待ちくださいね」と言うと、またまた、同じ答えが返ってきた。

「ごめんなさいね。私、年を取りすぎたみたいで迷惑ばかりかけて」

とても謙虚で上品な愛子さん（87歳）

「愛子さん、また、口の中にティッシュがあるみたいよ」と、おそうじのおばさんに呼ばれる。

走っていくと、愛子さんはやっぱり口をモグモグ。

「仏様からのお下がりをいただいたの、おいしい」とうれしそう。

「もう食べかすだから出しましょう」と口の中に手を入れる。ティッシュペーパーがよく噛み砕かれ、歯の上、舌の下にもたくさん。

「ありがとう、やさしいのね」と笑顔。

苑庭の小さな花を見て「きれいに咲いてくれてありがとう」と、花と語らい愛でられる。そんな愛子さんの姿を見る毎に、私の心は浄化され、何とも豊かに広がっていく思いである。

一輪の花にも無限の愛をささげる心の豊かさを教えてくださった御老人に感謝、感謝。

◆凛としていさぎよく

独居のシズさん（82歳）が食事を食べられなくなって今日で10日。

今日は休日だが、朝からおかゆとポカリスエットを持ってシズさん宅へ急ぐ。

「いつもすみません」と身体を起こすことも出来ず、ただ手を合わせられる。医者の往診を拒み続けてこられたシズさん、今日もやはりそれだけは頑として断られる。

「私のために往診を受けてください」とじっくり話し、やっと今日は受診していただく。

「このままでは危ない。このままだと死にますよ」と先生は本人に話されるが、「このまま、ここで」とその時ばかりは凛として応えられる。

その言葉の強さに一同驚いた。この20年一人暮らしでほとんど診察所に行くこともなく、村の人々との会話もなく暮らされたシズさんの心の強さを見る思いであった。

入浴するのも息子さんの帰村される８月のその時だけ。衣類の洗濯はまったくされず、ボロボロと衣服に穴があけば布を当てる。食事は野山の草や海藻。

「牛が食べられるものに人間が食べられないものはない」と言って山に入られる日々。

知夫里島にて

ただ、子や孫の幸せだけを一人祈って生きてこられた。シズさんの生き方にどれほど多くのことを学ばせていただいたことか。都会からこの村に来て、シズさんとの出会いによって、私の介護の原点「させていただくことに感謝する心」に、高慢さがあったと気づきをいただく。そして謙虚さへと導かれた。

シズさんの一つひとつの生き方が、私の介護の取り組みを考え直す学びとなった。そんなシズさんの命が、今危ない。

私はシズさんの手をとり抱き寄せてただ泣いた。すると、涙を流しながらあきらめの色を顔一杯に「逝くんですね」とポツリと言われた。

生と死の境にありながら人は心の強さを持っていれば、凛としていさぎよく生きられることを教えてくださった御老人に感謝、感謝。

死が大切にされている島

一日一便のフェリーが本土をつなぐ知夫里島でホームヘルパーとして働きながら、凛として生きる幸齢者様たちに少しでも恩返しをしたいと思いました。そのためにも1日も早くこの島で「なごみの里」を作ろうと考えていましたが、問題なのは私自身が日々の生活苦にあえいで、家も資金も何もなかったことです。それでも私はとても幸せでした。知夫里島での生活は厳しいながらも自然と共に大地に根ざした暮らしの尊さを私に教えてくれたからです。

私はクリスチャンではないけれど、内村鑑三先生の「なすべきものは労働。学ぶべきは天然」と言う言葉に導かれてこの島に来ました。そして、自然は私にたくさんの幸せをくれました。二重にかかる虹を見つめ長い時間心いっぱいにその景色を眺めていたこともあります。それはどんな宝石よりも美しく私の心を満たしてくれました。

紅葉した黄色い木の葉がチラチラと舞い落ちてきます。

「ばあやん。ほら、もうすぐ冬だね」

私はハルさんの車いすを押しながら、すっかり秋色に染まった山を見つめていました。どこまでも高い青空が読く。冷たい風にあたらないようにと、ハルさんにはひざかけやバスタオルを幾重にもかける。

「あの黒瓦がわしの家内（やうち＝親戚）の家だな」

「行ってみようかね」

人口約770人の知夫里島。この島のことならなんでも知り尽くしているハルさんです。私のように島外から移住して来た人間には心強い味方。都会では想像もつかないような出来事にしばしば直面するからです。

島民たちは今でも自給自足に近い生活をしています。どの家でも野菜は自分たちで作っている。冬ともなれば家々の軒下には白い大根がぶら下がる。1年中食べられるようにと、短冊に切られた大根もロープにつるされる。遠くからモノを大量に運び大量に消費する現代において、しっかりと大地に根ざした暮らしがこの島には残っているのです。

散歩の途中で、81歳の相川八重子さんと出会いました。杖を片手に、庭の掃除をしているところでした。八重子さんは数年前に本土からもどり、一人暮らしを続けています。足に障害があるため、歩行が困難だった。美しい標準語で話す八重子さんと会話をしていると、とても心安らかな気持ちになっていきます。

「ここに大根ができてね。ほうら」

庭に置いてあるビールの空箱に腰をおろし、庭の片隅を指さした。

コンクリートの隙間に落ちていた一粒の大根の種が、その大いなる生命力を保ち、野大根と見間違うほど立派に育ったと言うのです。「大根おろしにして食べたよ。その辛さがなんともおいしかった。来年はこの雑草だらけの畑に、自然農法で大根の種を2袋撒いてみようと思って……」

その目はまるで少女のようにあどけなく輝いています。「花咲かじいさんならぬ、大根おばさんですね」と私が言うと、八重子さんは笑った。瞬く間に楽しい時間が過ぎていく。別れ際に八重子さんはこんなことを口にした。

「残された人生があと5年あるとする。この島で最後まで自分らしく生きられるなら、たとえ命が3年になってもかまわないわ」

どんな境遇にあっても、自分の望む場所で自分らしく生きていく——人間としての最低限の願いを全うできるように、私も幸齢者に寄り添っていきたいと思う。

この島に来て間もないころ、私は方言の意味がわからず、こんな失敗をしたことがありました。村中節子さん（95歳）の家を訪ねたときのこと。

「柴田さんや、庭を掃いとくれ」

私はさっそく竹ぼうきを片手に庭の掃除に取りかかる。庭は節子さん宅の裏手のほうにあった。

「オーイ。柴田さん、どこへ行ったー。本当に困ったね。おらんようになって」

節子さんの大きな声は、もちろん私にも聞こえている。「はーい。もうすぐ終わりますから」と飛んで行く。「どこ掃いちょうかね」。島では玄関のことを庭というのだと教えられ、2人で大笑いをしたのも懐かしい思い出です。

掃除が終わると、私は節子さんに頼まれ、数本の大きな縫い針に次々と糸を通していく。節子さんは私が次に来るまでの間、その針を大切に使う。節子さんの古い老眼鏡は、片方の止め金はこわれ、ゴムで止めている。今にもずり落ちそうだ。木の扉の奥から穴のあいた古い靴下を大切そうに取り出すと、一針一針ていねいに縫い始める。

「息子に見つかると、もう捨てろと怒るけどな。捨てられんだわい。年寄りの癖でね。戦争中のことを思うと靴下があるだけでありがたいよ。形があるだけでありがたい。どんなに息子に怒鳴られても捨てられないよ」

節子さんは息子さんと2人で暮らしていました。口数の少ない息子さんでしたが、母親をとても大切にしていました。

「よく『死にてー』って嘆く年寄りがいるけど、あれは愚痴だよな。死にたいなんて言ったら、世話してもらっている家族に対して申し訳ない。言ってはならない言葉だ。昔は、この島でも年寄りがたくさん首をくくったもんだ。今は時代がよくなって、皆、年寄りを大事にしてくれる。今、わしにできることを精いっぱいしながら、手を合わせて生きていくよ」

95歳とは思えない、力強い言葉でした。

この島で暮らす幸齢者の姿を見ていると、人間とはこんなにも力強く生きていけるものか、と心の底から感心させられたものです。やはり、自分の死というものをごく自然に受け止め、それを特別な視点ではなく、常に自分の生と同じ目線で見つめながら生きているからでしょう。死が依然としてタブー視されている時代の中で、本当に素晴らしい生き方です。死が大切にされているこの島では、生もまた大切にされていました。

死生観をもつこの島の人々にとって認知症が少ないのも自然がもたらす恩恵と言えるかもしれません。そうしたことも含め、島の人々は自然と暮らしの中で死を学んでいくことの大事さを、私に見せてくださったのです。

死は第二の誕生

知夫里島に移り住んで4年目のことでした。

ある雪の日、99歳の隆子さんは、早朝からデイサービスの迎えの車を坂の下まで降りて待っていました。腰は「く」の字に曲がり、杖をついても歩くのがやっとなのに、坂を降りるときは、階段を1段、1段、お尻をついてゆっくりと降りて来ます。

「降りなくても、家で待っていてくださいね」

「いや、もったいない。でも、ありがたいねえ」

そう言いながらも、隆子さんはいつも早くから降りて待っています。自分の決めたとおりに何でもすることが、隆子さんに残された尊厳だったのだと思います。

しかし、元気な隆子さんにも体の衰えが忍び寄ってきました。足が立たなくなり、一人暮らしをつづけることが不可能になったのです。私の働く介護支援センターに入所しましたが、やがて寝たきりになると広島のお孫さんのところにある特養（特別養護老人ホーム）行くことが決まりました。島を離れる朝、わずかばかりの荷物をまとめるお手伝いをしていると、隆子さんは動かない足で布団から這い出してきました。そして、私の足に全身の力を振り絞ってしがみついてきたのです。「柴田さん、ここに置いてくれ。わしは何にも悪いことはしとらんのに……。わしはこの島で死にたい。助けておくれー、助けておくれー」

大粒の涙が私の足元を濡らしました。

隆子さんの涙を初めて見ました。私の足をつかんだ浅黒く細い指を一本一本はがしながら「ごめーん。隆子さん、ゆるして、ゆるして……」と言ってトイレに駆け込んでわんわん泣いてしまいました。もう、隆子さんの荷物も片づけられない。ヘルパー失格だけどどうしようもなく、日勤の男性職員に代わりに荷物の片づけをお願いするしかありませんでした。何とかフェリーに間に合うように準備ができ、隆子さんは迎えに来たお孫さんといっしょに広島に行ってしまいました。

私はヘルパーとして隆子さんの自宅に伺っていたのですが、隆子さんは1人用の小さなテーブルで食事をしていました。そして、そのテーブルの前の壁に「青春」の詩を貼って、食事をするときにいつも読んでいたのです。私は隆子さんからこの素敵な詩を教わって、今でもときどき口ずさんでいます。

隆子さんが広島の特養に行ったあと、私は自分を責めつづけました。

「何をするために私は遠く離れたこの島まで来たのだろう。隆子さん1人を救えないなんて。自分とは一体何なのか。何のために生きているの？　1人の方を救うために来たのじゃなかったのか？」と。

そうして自分を責めつづけていると、やがて食事がのどを通らなくなり、みるみる首のあたりが腫れ上がってのどに痛みが出てきたのです。診療所で見てもらいましたが、すぐに本土の大学病院を紹介され、そこで検査をしたところ顎下腺《がっかせん》がんと診断されました。

「すぐに手術をしないと命がない」と言われ、その日のうちに手術の日が決まりました。手術前夜、先生が言いました。

「手術をすると声を失い、会話ができなくなる可能性もあります。しかし、このままほうっておくと命を失います」

「生きてこそ看取りができる。生きてこそ家族に会える」

私は覚悟を決めました。顎の下はたくさんの神経が通っているので非常に難しい手術で、場合によっては声が出なくなると言われたのです。

「命を救うためだからそのリスクは仕方のないことですよ」と医師は言います。そして「眠れないだろうから」とそっと私の手に多量の睡眠薬を手渡されましたが、それを飲むより、先にすべきことがあると、私は思いました。

その夜、今までご縁のあった方々一人ひとりに電話を入れました。

「ありがとう」と、思いつくままに電話をしつづけました。どれくらい時間が経ったのか、ふと気づくと窓の外は白々と明けて手術の朝を迎えました。

私はマザー・テレサの写真を手に誓いました。

「この手術が成功したら、私は幸齢者が最期まで安心して暮らせる看取りの家を作ります。そして隆子さんを救います。治してください」と、神仏に誓ったのです。マザー・テレサは日本を訪れて「この美しい国には、たくさんの貧しい人々がいます。彼らは食べ物ではなく、愛に飢えているのです。人間の微笑み、人間のふれあいを忘れた人がいます。これはとてもとても大きな貧困です」と言いました。

親が最期に近づいたとき、子供たちは「仕事があるから」と親の看取りよりも仕事を優先することが当然のように、あたかも美談のように語られた時代がありました。しかし、日本にはかつて家族全員で看取る風習がありました。看取りはすべてに優先すべき、最も大きな豊かさだと、先人たちは無意識のうちに感じていたのではないかと思えてなりません。

死は、旅立つ人がこれまで生きてきたエネルギーのすべてを、見送る人たちに渡す荘厳な場です。また、死は第二の誕生のときであり、その誕生に家族が立ち会うのが看取りだと、私は思っています。

◆第2章

家族の手から離された「介護と死」

両親の愛に育まれた生と死

現代の日本社会は、「家族っていったい何」と思わせる悲しい事件がたくさん起きています。そんなニュースが流されるたびにとても心が痛みます。「家族崩壊」という言葉が流行する社会はやはり病んでいるとしか言えないのではないでしょうか。

誰もが「健康で一人前に育ってほしい」と願われて誕生します。揺れ動く時代の中でその次を見つけなくてはならない時代に入り、親である自分もどう生きればいいかわからない複雑な時代。そんな時代にあっても看取り士の依頼をなさる、ご家族の皆さんは「せめて最期だけでも幸せであって欲しい」そう願って私たちを呼んでくださいます。実に幸せなことに、私は臨終の場面で人間らしい家族愛や夫婦愛を常に見させていただいています。

日本看取り士会を設立してから全国各地を講演や研修に駆け回っていますが、私は「看取り文化」を社会に広めることが、ひいては家族の在り方や、一人ひとりの生き方を見直すことにもなると信じています。

私は5人兄妹の末っ子として、島根県出雲市に生まれました。父が38歳のときに生まれた末っ子で、しかも女の子だったので、両親は私のことをとてもかわいがってくれました。

子供のころの私は病弱でした。小児ぜんそくにもなっており、夜中に発作を起こしては診療所の医師に診察に来てもらうことも頻繁にありました。

小学４年生のときは、生死の境をさまよったこともあります。その夜も発作を起こし、往診の医師を呼んでもらいました。

そのとき、布団で寝ているはずの私は、医師と父が玄関先でひそひそと話している姿、私の体を抱きしめて涙を流す母の姿を天井の高いところから見たのです。

「お母さん、私は苦しくないよ、大丈夫だよ」と母に声をかけるのですが、その声は届いていないようでした。

肉体の私はぜんそくで苦しんでいたのですが、天井から見下ろしていたときの私は、苦しみなんて、まったく感じていませんでした。

翌朝目を覚ますと、私は母の腕の中でした。母は一晩中寝ないで私の快復を祈ってくれたのです。

あの不思議な体験は臨死体験だったのだと知ったのは、ずっと後になってからのことです。

私がこの体験から感じたことは、「肉体」というのは借り物の器であって、本当の自分は「魂」なのだということでした。魂の状態で自由に動き回れることがとても楽しく、子供の私は「こんなふうに体を出たり入ったりできるって、面白い」と素直に思っていました。そして、「死ぬってこういうことなのかしら？　だとしたら全然怖くないわ」と思ったのです。私は死を2度体験したと「はしがき」に書きましたが、1度目がこの臨死体験です。

後に多くの人から臨死体験の話を聞くことになりますが、この体験をされた人は皆、死を怖いものとは捉えていません。むしろ、「光に包まれて、とても温かくて気持ちが良く、とても幸せな世界だった。あんなに幸せならば、また行ってみたいと思う」と、口を揃えて言います。私にはその感じがとてもよくわかります。

自分の臨死体験と違って、父の死は大きなショックと不思議な感動がありました。

父は私が小学生のころ、がんに倒れました。入院したものの手術はできず、すぐに自宅へと戻され、毎日モルヒネを打ちに来てくれる看護師を父はいつも笑顔で迎えていました。

元気なころの父は島根県出雲市で農業を営み、いつもブドウ畑にいました。真っ黒に日焼けして、「タバコは体に悪いから」といつもあめ玉をポケットに入れていました。私が学校から帰ると、そのあめ玉を私の口に入れてくれるのです。

大きな声を出すことが嫌いで、私たちが兄妹げんかを始めると、「腹が立ったら3分してからものを言え。感情は一瞬のものだよ」と、いつも同じ言葉を口にしていました。

母は父にがんの告知をせず、いつもやさしい笑顔で父と接していましたが、ひそかに泣いている姿を私は何度か目にしました。幼い私には母の悲しみを思いやるほどのいたわりはなく、父の最期の日まで病気のことも知らされていませんでした。

父もまた最期のときまで苦しいとも痛いとも口にしなかったのです。そして、いよいよ臨終のとき、父の布団の周りをたくさんの親せき家族が囲むと、父はお世話になった医師や看護師にはっきりとした口調で「ありがとうございます。お世話になりました」と感謝の言葉を述べました。そして親せきの皆様に、母、姉、兄にもお礼を言い、最後に末娘の私の手を握ると、

「ありがとう、くんちゃん」

そう言って、静かに目を閉じたのです。握っていた父の手が冷たくなっていく。そして硬くなっていく。私は自分で手を離すことができず、母が父の指を1本ずつ離してくれました。それでも私は父の死が納得できず、ふとんの上に腹ばいになって泣き続けました。

当時、出雲地方は土葬だったので、私は父の棺に土をかけられず、周囲の人々に「早く、土をかけて」とせかされて困ったことを、今でも覚えています。

末っ子だった私はやさしい父と母の愛に育まれましたが、幼いころの臨死体験と、父の美しい死こそが、今の私を導いてくれたと思っています。バリバリのキャリアウーマンから離婚の挫折、寮母からヘルパー、そして離島での看取りの生活へと導いてくれたのです。

父の教え「ありがとう」が支えだった

私は看取り士になる前、日本マクドナルド株式会社で16年間働きました。まさか私が社長秘書になれるなんて思ってもみませんでしたが、公募していた面接試験で１００人ほどいた中から、しかも大卒だけ採用の中では専門学校卒の私ひとりが選ばれてしまったのです。郷里が同じだった藤田田社長と対面したとき、私は不謹慎にも冗談を言って、社長と一緒に笑いあったことが決め手だったと、入社後に教えられました。

入社した当時の日本マクドナルドは、全国に27店舗しかなく、その後急成長を遂げていきます。負けん気の強かった私は、秘書を何年か務めたあと、バリバリと仕事をこなしてオーナー店長までになりました。仕事のやりがいも十分に感じていました。伸び盛りの時代のマクドナルドで仕事ができたことは、本当に貴重なことでした。

当時、私は大多数を占める男性社員を前に、女性だからとバカにされまいと、毎日必死で働きました。何万にも及ぶマニュアルを読みあさり、いつの間にか店の売り上げを伸ばすことしか考えられなくなっていました。そんな私に他人を思いやる心のゆとりはなく、自分を見下すような男性社員をいつか見返してやりたいという気持ちさえ抱いていたのです。

私は過酷なライバル競争に勝ち抜き、念願だったアメリカ行きの切符を手に入れました。そして、シカゴにある親会社で研修を受け、さらなる飛躍を遂げていきました。きっと当時の私は誰が見ても、他人がうらやむようなビジネスチャンスを手にしていたのに違いないのです。しかし、なぜか私の心は決して満たされることはなく、豊かな暮らしを手に入れれば入れるほど、空しさばかりが込み上げてきたのでした。

働きづめでいつも仕事中心だった私は、結婚、出産をしたものの、家庭を顧みる余裕はありませんでした。家族との間に溝が出来、やがてストレスから酒におぼれるようになっていきました。

すっかり心をすり減らし、人間らしい生き方を見失っていたのです。まるで追いつめられた子ネズミのように袋小路に迷い込み、もがき苦しんでいました。そして私は無意識のうちに「死」を望んでいたのでしょう。ついにとんでもない過ちを犯してしまったのです。

衝動的に大量の睡眠薬を飲んでいました。ただ〝楽になりたい〟の一心でした。ふと意識を取り戻したたときには、救急搬送をされて病院のベッドに横たわっていました。

「何かあったのですか？」

「わかりません。お騒がせしてすみません」

警察官と実兄の会話が、病室の外から漏れ聞こえました。

その後の私に待っていたのは大切な家族との別れでした。

退院後、私は会社を辞し、東京を後にしました。それから幾年月が流れ、私は幸齢者の中に身を置いていたのです。

高齢者介護の世界に飛び込んだけれど

何もかも失い、独りぼっちになった私は高齢者介護の世界に飛び込みました。

そこで見つけたのは、人が命を全うすることの美しさ、尊さでした。私は介護の世界に没頭し、利用者の方と心を通わすことに喜びを見出しました。日々、彼らの世話を通して自分の中に膨れ上がる幸福感は、まさに傷ついた私の心を癒してくれたのです。

ところが、ここでもまた挫折を味わいます。お互いに信頼し合っていた利用者さんとの約束を守れなかったのです。高級老人ホームで出会ったその方は、私に最期まで看てほしいとおっしゃっていました。私もその方をお看取りするつもりでいたのです。

しかし、実際にその方がお倒れになると、「ご家族の意志だから」ということで、施設はその方を病院に送りました。ご本人は施設での最期を希望されていたのに、それも叶わず、身内でもない私はそれを見ているしかありませんでした。

その後、その方は病院でお亡くなりになりました。ご家族は祈り、医療者は最善を尽くしたことと思います。しかし、人の最期に関しては、今の医療の仕組み、社会の価値観も含めて、決してご本人の意志通りにはならないのだという現実を思い知らされた経験でした。

もともと私たち日本人は、父がそうだったように、死ぬときは子供や孫などの家族に囲まれて、自分の住む家で逝ったものです。それがいつの間にか、「死ぬのは病院が当たり前」になっています。介護保険制度ができた２０００年以降、家族による介護がしだいに施設に預けられるようになりました。家族の絆というものが薄れていった要因の１つと言えるかもしれません。

２０１２年に行われた「終末期、看取りについての国際制度比較調査」によれば、日本人の自宅での死は、全体の12パーセント程度で、88パーセントは病院、診療所、ホスピスなどの医療施設です。一方、約55パーセントの人が自宅で死を迎えることを希望しています（「高齢者の健康に関する意識調査」内閣府、２０１２年）。

半数以上の高齢者が自宅で最期を迎えることを希望しているにもかかわらず、実際に希望が叶っているのは5、６人に１人だけなのです。

また厚生労働省が行った「人生の最終段階における医療に関する意識調査」（２０１８年）では、「人生の最終段階における医療について家族と話し合ったことがあるか」という質問に、「まったく話し合ったことがない」という回答が約56パーセントでした。多くの人が自分の死のことを生きているうちに考えず、「誰かがなんとかしてくれる」と考えてきた結果、今の現実が出来上がってしまったのではないでしょうか。

居てもたってもいられず私は福岡の老人ホームを辞め、ホームヘルパーを募集しているという知夫里島へ移り住む決心をしたのでした。

幸齢者を最期まで看取りたい

福岡の老人ホームにいたころ、私は父のように幸齢者を看取りたいと願っていました。しかし、ホームに入所する幸齢者は死が目前に迫ると、病院へ運ばれてしまう。見舞いに行くと、そこには機械に管理され、たくさんの管をつけられた幸齢者の姿があったのです。誰もいない病室で声を出すことも空しく、なかには口に酸素吸入器をつけられ声を出すことさえできない人もいます。手は必ずと言っていいほどパンパンに腫れ、身動きできないように全身をベッドに固定されていました。点滴の針や管を自分で引き抜かないようにするために……。昨日まで共に歌い、共に食していた人とは、まるで別人のようです。

「大丈夫。ホームへもどられるのを、皆待っています」

そう声をかけられると幸齢者は決まって、大きくうなずき、そのほおに涙がつたいます。

「死んでもいい。ここから連れ出して。ホームに連れて帰っておくれ。お願い、助けて」

あえぎながら、私の手を握り離さなかった幸齢者もいました。

現実と理想との隔たりの大きさ、「私が寄り添える死ではない」と気づいたとき、私は自分が必要とされる場所を探し求めていました。そして、やがてたどり着いたのが知夫里島です。

「ホームヘルパーの募集がありますよ」

そのひと言に私は救われました。福岡の老人ホームを辞め、日本海に浮かぶ知夫里島を目指しました。そこには親せき縁者も知人もいない。確かに不安はありましたが、それよりも新天地に行けるという希望のほうがはるかに大きく、島での訪問介護は新鮮でした。そこには一人ひとりの幸齢者の尊厳が守られる人間らしい生活の営みがあったからです。ただ、重度の障害をもち要介護度が上がると、幸齢者が本土の老人福祉施設や医療機関に行ってしまうことだけが、残念で仕方がありませんでした。

前章で述べましたが、99歳になる隆子さんを、お孫さんが本土に連れて行くことになったとき、隆子さんは私の足にしがみついてきました。

「この島においてくれ。どこにも行きたくない。どうか、どうか、頼むよ。柴田さん、助けておくれー、助けておくれー」

そう言って隆子さんが泣き崩れる姿を見ても、私にはどうすることも出来ず、隆子さんの手を無理やりに引き離すと、男性職員にその場を任せトイレの中で嗚咽しました。

そのときの隆子さんの泣き声は、私の耳にこびりついたように離れませんでした。どうしたら幸齢者の最期までを幸せに看取ることができるのか。そのことばかりを考え続けながら、悶々とした日々が過ぎていきました……。

看取りの家「なごみの里」を開所

そうして島での暮らしが４年過ぎた頃、いつしか私は体を病んでいました。顎下腺《がっかせん》がんと診断され、その手術の後、私は迷わず、看取りの家「なごみの里」を作ろうと決心したことは前に述べたとおりです。

本土での手術の後、島に帰ると、幸運にも古びた地区の集会所が競売に出ていました。まるで私の手に落ちるのを待っていたかのように。建物の窓からは海が見える。目の前の港には小さな漁船が停泊していた。

私はさっそく改修に取りかかります。まず３人の幸齢者を受け入れられるように、十八畳敷きの大広間には３台のベッドを置きました。幸齢者のプライバシーを守るため、ベッドの周りをカーテンで仕切れるようにしました。

「個室にすれば先々、グループホームとして、補助金も受けられるのに」と提案してくれる人もいましたが、寝たきりで動けない幸齢者を個室に閉じ込め、厚い壁で仕切る必要があるのだろうか？「オーイ」と呼べば、すぐに飛んで来てくれる人がいる。これこそが安心そのものと、「なごみの里」の幸齢者たちは言います。ナースコールは親切な機械ですが、寝たきりで障がいをもつ人々の中に、本当に押すことのできる人がいったい何人いるのでしょうか？

やがて、かつての職場仲間だった看護師、松山美由紀さんも福岡から知夫里島に移住し、スタッフとして力を貸してくれました。ようやく幸齢者の受け入れ準備が整い、私は松山さんやボランティアさんと共に、小さな島を駆け回りました。「なごみの里」開所を知らせるチラシを配るためです。

「なに、エヌ・ピー・オー。どこの宗教団体かいね」

「今まで村ぐるみで特別養護老人ホームを作ろうと動いたけど、できんかったのに、あんた1人でできるはずがない。損せんうちにさっさとやめな」

島民の反応は冷ややかでしたが、不思議と私の心にはなんの焦りもありませんでした。私はすでにたくさんの善意に支えられていたからです。畑で採れた野菜を届けてくれる人、獲れたての魚を届けてくれる人、島外からダンボール26箱分ものお茶を送ってくれる人……。

「島の宝である幸齢者を最期まで看取りたい」という私の願いは、そうした支援者の願いでもあり、幸齢者の願いそのものでした。だからいつか必ず島の人々に受け入れてもらえる日が来ると、私は確信していました。

「でもこれが愛の論理なのですよ」

私の願いや確信とは裏腹に、すでに私の蓄えは底をついていました。

家賃３万５０００円、共益費６０００円………。村営住宅に住んでいた私は、家賃も払えない状態でした。しかも村営住宅に住むには年収２５０万円以上という決まりもある。私の住まいは「なごみの里」に近いこと、これが必須条件でした。

そんな私に救いの手を差し伸べてくれたのが、「なごみの里」の隣に住む濱巌さん（78歳）でした。漁師小屋に使っていた自宅の納屋を整理し、私のために明け渡してくれたのです。それも「なごみの里」が島で厳しい批判にさらされているその最中にです。驚く私に、濱さんは言いました。

「この歳にもなって人の役に立てるならうれしいよ」

築80年以上も経つ納屋でしたが、本当にうれしいことでした。中古の流し台を取りつけ、古い畳の居間に障子をはめました。あとは荷物を運び込むだけ。私はさっそく村営住宅をひき払い、「なごみの里」の隣人となったのでした。

濱さんは現役の漁師さんで、奥さんと2人で暮らしていました。背すじを伸ばし、真っ黒に日焼けした濱さんは、なんとも凛として勇ましい。あまり多くを語らない人でしたが「ずっと応援するから」と、いつも漁で獲れた魚や新鮮な野菜を「なごみの里」の玄関前に無言で置いていくのです。私はどれほど勇気づけられたことか……。

ある日、うれしい贈り物が届きました。マザー・テレサの写真です。送り主の千葉茂樹さんは、かつてインドでマザー・テレサを撮り続けてきた映画監督。2枚の写真には私の大好きなマザー・テレサの笑顔が写っていました。その1枚は「なごみの里」の食堂に、もう1枚は私の住まいに飾り

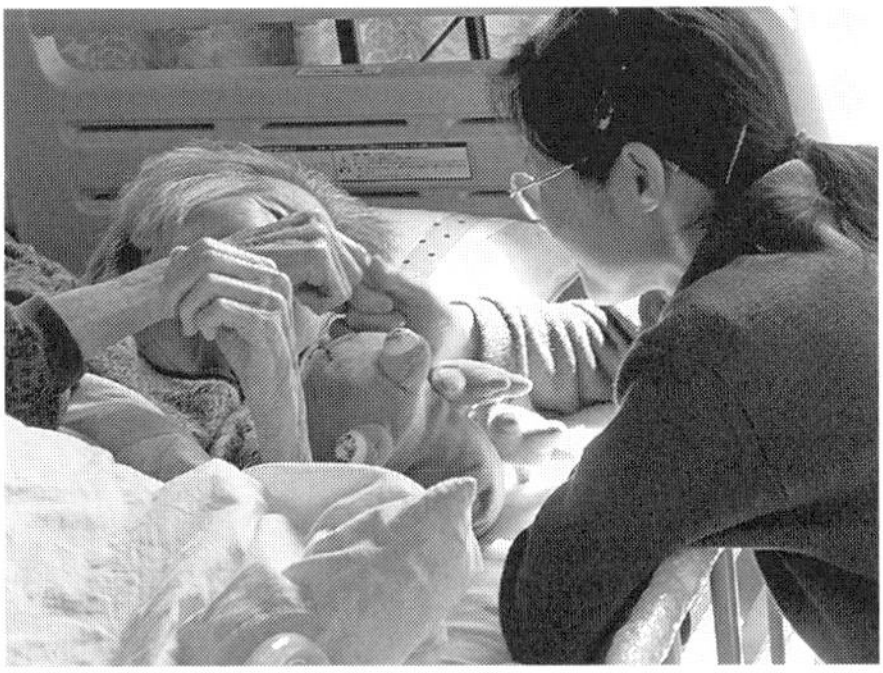

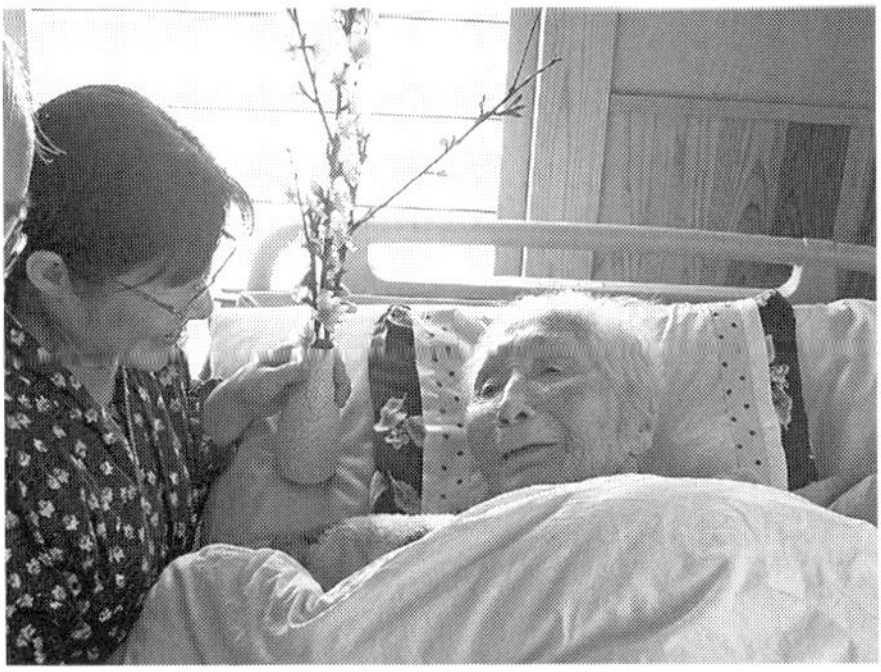

看取りの家「なごみの里」

ました。この写真に私はいつも励まされています。

「持つ物が少なければ少ないほど、多くを与えることができます……。矛盾としか思えないでしょう。でもこれが愛の論理なのですよ」

マザー・テレサの言葉が生きて、いつも私の心に語りかけてきます。

ボランティアの協力あってこそ

現在（２０１９年６月）、看取り士の手助けをしてくださるボランティアの方たちは５４２支部以上になります。エンゼルチームとして看取り士の各支所に登録していただき、要請に応じて現場に出かけ利用者様に寄り添ってくださいます。

看取り士会のことやエンゼルチームのことは第Ⅲ部で詳しくお話ししますが、私が知夫里島で「なごみの里」を開設してしばらくした頃からボランティアの協力がありました。

新緑の季節を迎えたある日、栃木県から１人の男性が「なごみの里」にやってきました。新職員となる川口安夫さん（35歳）です。彼は青年奉仕協会を通じて、私たちの存在を知ったそうですが、彼から最初に受けた電話を私は今でもよく覚えています。

「私はまったく目が見えません。でも何かお役に立てることがあると思っています。『なごみの里』

で働かせていただけないでしょうか。私は柴田さんの心の杖になります」

私は迷うことなく、「ありがとうございます」と応えました。

彼が視力を失ったのは、26歳のときでした。苦しみの中で光を求めてさまよったという。そんな時、一人のやさしい看護師と出会い、生きる希望を手にしたのです。

専門学校に通ってマッサージ師の資格を取り、ホテルの専属マッサージ師として働いていました。しかし、何かが満たされない。ふとマッサージを受ける人の多くが、体だけではなく、心も疲れていることに気づきました。しかし、マッサージでは心の疲れまでも取り除くことはできない。彼は人の心も癒せるような仕事をしたいと思うようになり、たどり着いた先が「なごみの里」でした。彼は最初に私と出会ったとき、「障がい者の光でありたい」と言っていました。

マザー・テレサの肖像写真

障がい者の尊厳が守られる社会を築きたいと、島に来てからも彼は点字を打ち続けていました。点字が読めるの

は障がい者の10パーセントにも満たないという。それでも彼は点字で自らのメッセージを打つ。それは健常者への挑戦なのだと。

まだ彼が「なごみの里」へ来たばかりのころでした。

彼はナツさんの隣に座り、食事の介助をしていました。ナツさんは自分のそばに、彼がいてくれるだけで安心します。ナツさんの食事が終わり、彼が席を立ったそのときでした。いつもは別の場所に置かれている大きな衝立が、彼の目の前にありました。

「危ない！」思わずナツさんが叫びました。幸齢者には誰にも彼が全盲であることを話してはいなかったにもかかわらず。

「ナツさん、ありがとう。よう川口さんの目が見えんのわかったね」と驚く私に、ナツさんは言った。

「いいだわい」。ナツさんはすでに彼の障がいに気づいていたのです。ただ、彼の心を傷つけるような言葉を口にしたくなかったという。その場に居合わせた誰もが、彼を思うナツさんのやさしさに感動する。そして誰よりも心を動かされたのは、彼自身でした。こうした出来事を通して、私たちは幸齢者に真摯な気持ちで向き合うことの大切さを教えられるのです。

ナツさんは自分のそばに人の気配が感じられなくなると、必ず大声で叫びます。

「誰かー」。それに続いて彼が「なんだー」と返事をする。

「用事はないが、年寄りは寂しいからなー。すぐそばに人がおるといいなー」

ナツさんの声が弾む。

そんなやりとりが「なごみの里」では毎日のように繰り返されました。私の心が和むひとときです。ナツさんにとって、彼はなくてはならない存在であり、彼もまたナツさんを必要としているのは言うまでもない。

ある日、外出先から「なごみの里」に帰ると、ボランティアの長野三江さん（70歳）が私のズボンに継ぎ当てをしていました。そんな姿を見ていると、本当に自分の母親のように思えて仕方がありません。実際に親子のようなふれ合いをさせていただきました。よく島に来て間もない新人のスタッフから「本当の親子のようでうらやましい」と、言われるほどでした。

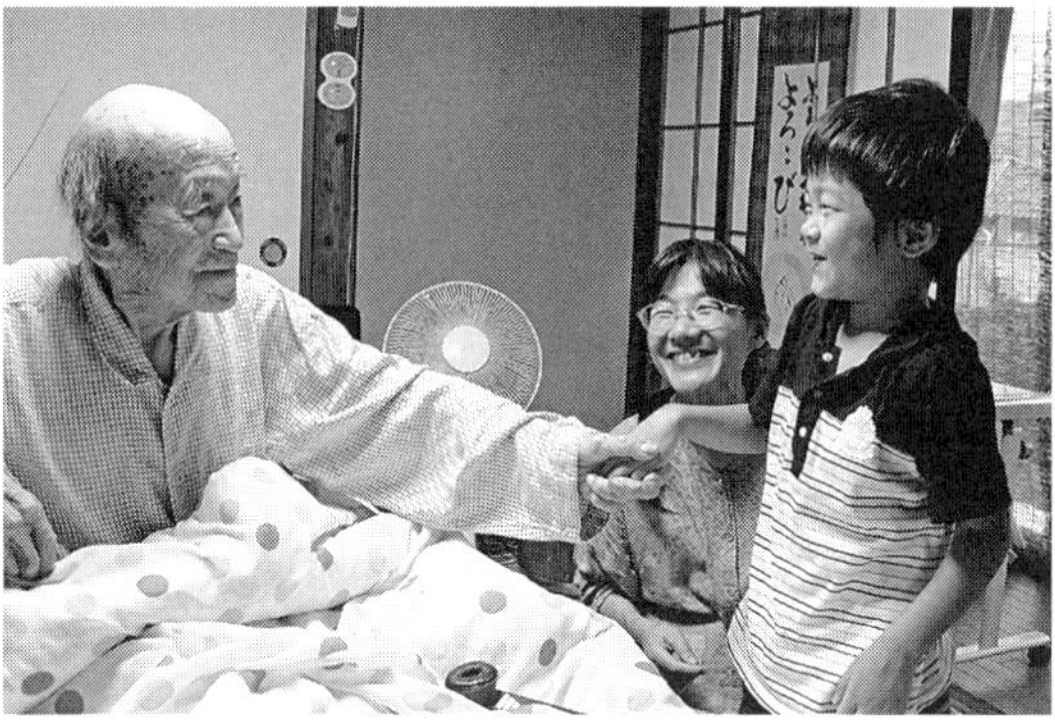

「なごみの里」

長野さんは私の講演を聞き、「なごみの里」で残りの人生をボランティア活動に捧げたいと島に渡って来たのです。裕福な家庭に生まれ、大切に育てられた長野さん。

しかし、結婚後の人生は試練の連続だった。そして、齢を重ねたころ、身の拠り所を求めてさまようようになった。そんなころに私と出会い、知夫里島へ来る決心を固めたのだといいます。

「なごみの里」開設の前後に3度も海を渡り、永住の準備を進めていました。

「本当に移り住んでもいいのでしょうか」と、長野さん。

「こちらこそお願いします、私の母だと思っていますよ」

長野さんはその澄んだ目で私をじっと見つめていた。長らく都会で暮らし、言葉を交わすのは本当に限られた人だけだった。「この島では誰もが気さくに声をかけてくれる」と、心底喜んでいた長野さんが、離島での暮らしになじむのに、そう時間はかかりませんでした。

島の温かい家族たち

長寿社会になればなるほど我が子との死別を体験し、苦しむ幸齢者が増えています。私はたくさんの幸齢者と出会う中で、子供が親よりも先に逝くことほど親不幸なことはない、と思うことがあります。

「なごみの里」に入所してきたナツさん（84歳）も一人娘を亡くしていました。若くして夫も亡くし、女手一つで育て上げた娘さんでした。気を病むのは当たり前のことです。

をもっていた。

「啓子、啓子……」と娘の名前を毎日のように呼び続けているナツさんは、心と身体に重い障がいをもっていた。

幻覚や幻聴がナツさんを突然襲う。私たちにはナツさんに見えている物が見えないし、聞こえている音が聞こえない。当然、ナツさんの言っていることも理解できない。それでも私たちはナツさんに寄り添い手を握る。そして、できる限り、ナツさんの話に「そうだね、そうだね」とうなずきながら静かに見守りました。病院で使っていた睡眠薬も精神安定剤も使わず、ナツさんのすべてをありのままに受け入れていく。次第にナツさんの行動に変化が現われ、幻覚や幻聴に苦しむ時間が少しずつ減っていきました。

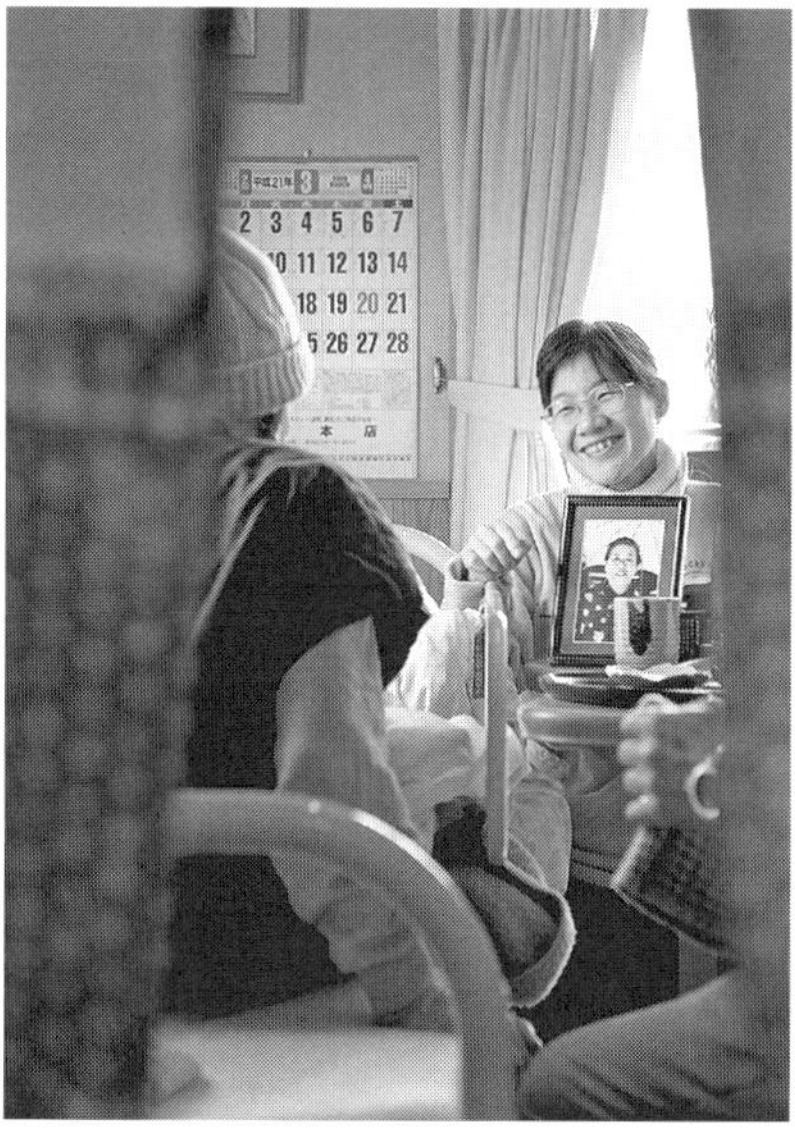
「なごみの里」

ナツさんは「なごみの里」に入所するまでは、松江の病院に入院していました。私は退院の3日前から松江に泊まり込み、面会に通った。

退院当日の朝、私に笑顔を見せるナツさんの姿に、いくらか安心した。私がナツさんに「一緒に島に帰りましょうね」と言うと、それまで看護師さんともほとんど口を利いたことのないナツさんが「島に帰らーとがんばちょだわい」と答えてくれた。そして、私がお土産に持って行ったプリンを「うまいなあ」とうれしそうにたいらげるや否や、再び眠りについてしまいました。

私はナツさんに付き添い、フェリーで知夫里島へと向かっていました。

「ほら、ナツさん、知夫里だよ」

「ほんかー」

ナツさんのやせた肩が小さく震える。

フェリーの大きな扉がゆっくりと開き、あたりに太陽の光が差し込む。故郷の海がまぶしいほどに輝いていた。ナツさんの目から一粒の涙がこぼれ落ちた。

病院ではいつも空ろな目をしていたナツさんが、その日を境に変わりました。瞳は輝きを増し、ナツさんはかつての自分を取りもどしていったのです。

旧暦の2月21日は、弘法大師の正忌（祥月命日）。島は朝から「お大師さん参り」をする人で賑わいます。お堂のある地区では村人たちが参拝者に心尽くしの郷土料理をこしらえて振る舞います。この日を待ちかねているのは私だけではない。「なごみの里」で暮らす幸齢者も同じです。

「お大師さんに行こうか」とナツさんを誘うと、「わし、もう役はようせん」という返事が返ってきた。料理が得意なナツさんは、自分が調理番をするものと勘違いをしたらしい。事情を説明すると、ナツさんは納得した。

道行く人たちが車いすに乗ったナツさんを見かけ、うれし気に話しかけてくる。

「ばあさん。よう帰って来たなー。よかったなー。ほら、食えよ」。目の前に差し出されたぼた餅はナツさんの大好物。それまで食材を細かく刻んだ「刻み食」しか口にしていなかったのに、ナツさんは黙々と大きなぼた餅をほおばっている。

「うまいなー、うまいなー」とご満悦のナツさんに向かって私は言いました。

「そんなに食べていいかいな」。私の心配をよそに、なおもぼた餅を食べ続けるナツさんでした。なじみの顔に出会い、なじみの料理を食す。そんな当たり前のような島での暮らしが、ナツさんにとっては何よりもうれしかったに違いありません。この日からナツさんは「なごみの里」で「ここはどこだ？」という言葉を口にしなくなりました。

いまナツさんの顔を思い出すと私は愛おしさから涙があふれます。

いまも全国各地の老人ホームや病院には80万人を越える幸齢者が入所されています。家に帰りたくても帰れない、じっと耐えて泣いている幸齢者がたくさんおられます。せめて最期だけでもわがままであって欲しいと、私たちは活動しています。

もちろん日本看取り士会でできることは微力ですが、せめて私が願うのは、家族の絆を取り戻し、

「良い人生だったね」と言える社会創り。それが急務です。

あの東日本大震災でご家族を亡くされて、未だに遺体の収容ができていない方もおられます。ご家族は「幽霊でもいいから出てきてほしい」と切に願われていると聞きます。身体のあるうちに出来ること、看取りはやり直しの出来ない尊い場面です。

真心が身に沁みる協力者に支えられ

一級建築士で、静岡県内に建築設計事務所を構えている鈴木敬雄さん（56歳）が初めて知夫里島を訪れたきっかけは、私の講演会でした。

彼は私の話に共感し、「なごみの里」を見学に訪れました。そのとき、私は「なごみの里」の手狭さを思わず愚痴ってしまいました。

「なごみの里」は3人の幸齢者を受け入れると満床になってしまう。十八畳の大広間は手狭となり、ボランティアさんが休息するスペースもない。隣接する食堂は封筒を作る人や点字を打つ人、食事の準備をする人などでいっぱいになります。

「ご覧の通り手狭でしてね」

「私に協力させてください」

鈴木さんは即座にそう応え、開設以来の念願だった増築計画が動き出しました。

3度目の来訪で港に立った彼の手には釣りざおではなく、30枚もの設計図が握られていました。

「きっと設計図にはすてきなアイデアがいっぱいつまっているはず」

私はそんな予感を抱いたけれど、肝心の資金が足りなかった。でも、そんな事情を今さら彼に話すことなどできない。私は申し訳ない気持ちでいっぱいだった。増築資金の確保は容易ではなく、たやすく資金援助をしてくれる人など見つかりそうになく、私の心は揺れました。

そんな私のもとに支援者の小林正樹さんから電話がかかってきました。彼は静岡で会社経営をする傍ら、「生命のシンフォニー」という勉強会を設立し、その代表を務めています。私が初めて彼に出会ったのは1999年。その勉強会が名古屋で開かれ、私は講演を依頼されたのです。以来、全国各地で私の講演会を企画するなど全面的に「なごみの里」の活動を支援してくださっています。

小林さんに電話で相談すると、特に心配する様子もなく「増築資金の不足分は講演会の収入で補えばいい」というお答え。それなら私にもできるかもしれない。いや、きっとできる、と私は確信し、すぐさまその提案に賛成しました。そんな彼の尽力に支えられ、私は念願の増築計画を無事に成し遂げることができたのです。

「なごみの里」を支援してくださる方々のお名前をすべて挙げられなくて恐縮ですが、私の恩師である市川真澄教授（島根大学医学部）らが「柴田久美子を支える会」を発足してくださったときも、言葉に表せないほど感激しました。

「なごみの里」は特別養護老人ホームでもグループホームでもない。ＮＰＯ法人として活動しています。指定訪問介護事業所でもありますが、要介護度５の人でも１日あたり２時間半分の介護報酬しか請求できません。残る21時間半はまったくのボランティアです。でも、何もかもボランティアでできるわけではありません。そうかといって、アルバイトを雇うほどの余裕もない。

つまり「なごみの里」は労働基準法で定められた最低賃金を支払えない。そこでボランティアさんにわずかな〝謝礼〟を手渡し、有償ボランティアという形で協力を依頼していました。もちろん、職員に支払う給与も厳しいのです。

あるときハローワークに職員給与の資料を届けたとき、

「柴田さん、この金額では最低賃金にも達していませんよ」

担当者が一瞬、言葉をつまらせたほどでした。

「なごみの里」の給与水準は「全国一低い」とか……。そんな話を耳にした市川教授らが「柴田久美子を支える会」を発足し、世話人の金築さんが他の学友に手紙で協力を呼びかけてくれました。

――柴田さんたちが生活費として受け取っているのは、国が定めている最低賃金すれすれの十万円強とのこと。国県村からの援助は一切ありません。もちろん、お金のために働いているわけではないので、柴田さん自身は十分満足しているとのことでしたが、貧弱すぎて彼女の理念を実現するにはあまりにも制限があり過ぎます。我々同窓の者も柴田さんに協力できればと願っています。どうか援助をよろしくお願いします。

この呼び掛けのおかげで毎年6月と12月に「柴田久美子を支える会」から寄付金が寄せられるようになったのです。

「素晴らしい友がいてよかったね」と共に喜ぶ市川教授の姿を思い浮かべるたび、同窓生49人の真心が身に染みます。

「なごみの里」で

自家製のうどんを毎週20食分も送ってくださる京都の薬師庵、幸齢者のオムツを送ってくださる大阪のクリエート、図書館のないこの島に「なごみの里」を通して本を贈呈してくださる東京のイエローハット……。そういう数えきれないほど多くの善意に「なごみの里」は支えられてきたのです。
13年間暮らした知夫里島を離れた後も、日本看取り士会はたくさんの善意の中で生かされてきました。前章で述べたように、映画『みとりし』が制作できたのも皆様のおかげと心から感謝しています。私のしていることなどほんの些細なことに過ぎませんが、数えきれない多くの善意の支援を思うと、がん宣告などに負けてはいられない気持ちになるのです。

◆第3章

死と生の原点を見つめて

人間としての尊厳を守るために

現在、看取り士になってくださる方のおよそ6割は看護士さんで、2割が介護士です。現場仕事に矛盾を感じて看取り士になった方ばかりですから、「人間としての尊厳」ということについては、私が語るまでもなく皆様周知のことです。

それでも看取り士の研修会や講演で私が繰り返し言っていることは、「人間としての尊厳を守るということが最も大切」ということです。

そこには、延命治療を受けないということなども含めて、ご本人の意志による選択の自由。幸齢者の尊厳を守るためには、私達自身の柔軟性が問われます。

「なごみの里」では、ナツさんのように心や体に障がいをもっている幸齢者の我がままにも出来るかぎり応えていきました。

「あー、死にてぇなーなーなー。なんも悪いことしてないのになー」

ナツさんの機嫌がよくない。顔色もさえない。私はナツさんの元へ駆け寄り、やさしく語りかける。

「ほんとだ。一生懸命働いたもんね。そうだよね、ナツさん、がんばったもんね。本当だね……」

幸齢者はとても環境の変化に敏感です。すぐ適応できればよいのですが、歳を取れば取るほど難しくなっていきます。ましてやナツさんのように心や体に障がいをもっていればなおさらです。幸齢者にとっては、住み慣れた自宅が一番よいのですから……。

私が初めて介護士として勤務した福岡の老人ホームでも同じような経験をしました。朝食を運んできた私に、平田智子さん（72歳）が言いました。

「こんな皿にご飯を入れないで！　私は猫じゃないの。人間よ。茶碗に入れなさい」

職員が食器の後片づけをしやすいように、ご飯もおかずも1枚の大皿に盛られていた。

「智子さんのために、朝起きして朝食を作ってくれる人に悪いから、大声出さないでくださいね」

私がなだめようとすると、智子さんは「私は罰があたったから、ここに入れられたの。本当は家にいたかったのに……」、と大粒の涙を流した。私は黙って背中をさすることしかできませんでした。

智子さんが落ち着きを取り戻すと、私はご飯を茶碗に入れ直して差し出した。

「たかがお茶碗ごときで」と思う人がいるかもしれませんが、幸齢者を介護する側の都合で、彼らの日常生活を変えてはいけないのです。家庭でも病院でも老人福祉施設でも、幸齢者の意思が最優先されるべきなのです。私はこのことを深く心に刻み、知夫里島に開所した「なごみの里」では人間の尊厳というものを最も大切にしてきました。

例えば幸齢者が「モナカを食べたい」と言えば、すぐさま買いに行く。島になければ、本土からでも取り寄せる。今、どう生きたいのか。どう暮らしたいのか。どう楽しみたいのか。寝たきりの幸齢者にとって、今というときは、どんなに願っても2度と戻ってこない。それは、私たちにとっても同じこと。

この世を旅立つその時まで、人間としての尊厳を守るために、私たちはどんなに些細なことでも一つひとつ幸齢者の言葉に真剣に耳を傾けたいものです。たとえ、どんなに時間と労力がかかろうとも、暮らしの中に幸せがあるのだから……。

人間としての尊厳を守ることが、日本看取り士会においては一番の理念であり、実践活動でもあるのです。

死の壁をひとりで乗り越える孤独

私たちは歳を取るにつれ、だんだんと、それまで出来ていたさまざまなことができなくなっていきます。若くて元気なときは、自分で行きたいところに行き、やりたいことをやれていたのに、生活する上での身の回りのことが難しくなり、人に頼らざるを得ない。やがて、自力で立ち上がれなくなり、何をするにも介助が必要で、人の手を煩わせないと生きることも困難になっていく……。こういう過程を経ていく中で、だんだんと生きる希望がなくなっていく人もいます。

自分の向かっている先は「死」ですが、それはいつ来るかはわからない。その日まで、悲しみも、つらいことも、苦しいことも、孤独も、すべて抱えながら生きるのです。さらに今の超高齢社会の中、超高齢の身内の介護をする子供の世代も高齢化しています。子供に先立たれる超幸齢者もいます。

先日、ＮＨＫのテレビ放送（「彼女は安楽死を選んだ」）にあったように、幸齢者や回復の見込みのない病人が、自分の人生の最期を自分で決めることのできる「安楽死」を受け入れているスイスのような国もあります。

幸齢者様のもつ孤独な気持ちは、看取りの家「なごみの里」の入居者の方々から教えてもらいました。その１人に、サトさん（享年97歳）がいます。寝たきりの状態で入所されたサトさんは、「みんなも97歳にならんと、ババのこの気持ちはわからん」が口癖でした。その言葉から、サトさんの中にある埋めようのない孤独を感じたものです。

ある日、こんな会話がありました。

「いつまで続くんかなー」

「何が？」

「寝たきりのまんま、いつまで生きるんかの」

「サトさん、これまでお舅さん、お姑さん、お父さんと随分、世話したんやから、皆にその分返されてからしか逝けんよ」

「そうか、わしはこんな体でも長生さしていいんだな」

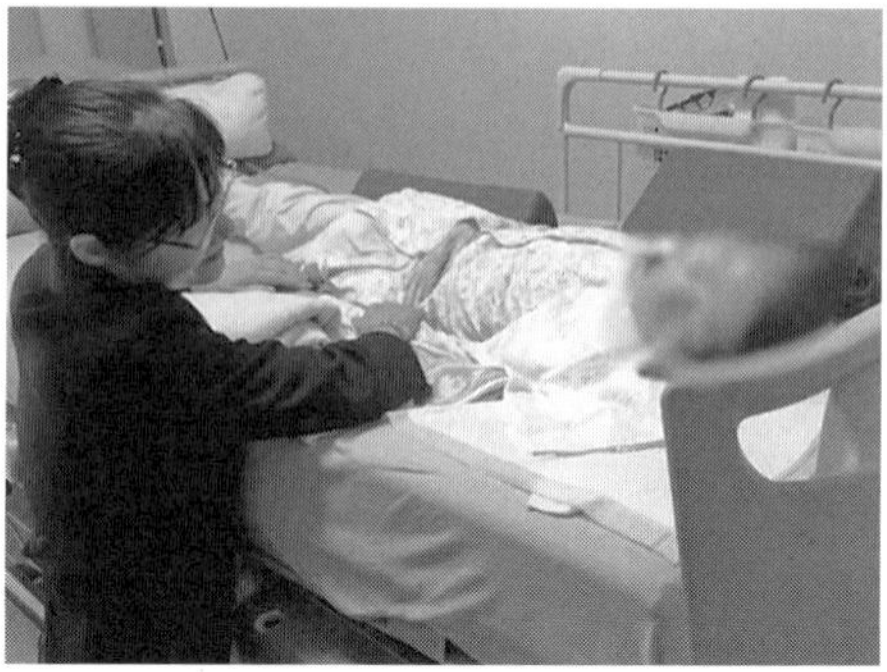
「なごみの里」

入所してから、サトさんが背中を丸めて祈る姿を何度も目にしました。寝たきりのお体で90歳を過ぎてから他人と一緒に暮らすことは、簡単なことではないでしょう。さらに死という壁を1人で乗り越えなければなりません。死を受容するのは、何歳であっても簡単なことではないのです。どんなに死の孤独の中にあろうとも、声を出して泣くこともせずに、背を丸め、顔を伏せて手を合わせて祈られていたサトさんの姿が忘れられません。サトさんの、「あんたも97歳にならんと、ババのこの気持ちはわからん」という言葉がいつまでも心に響きます。

ヨシノさん（92歳）も入居者のお一人でした。寝たきりのヨシノさんは、とても気丈な方でした。誕生日の朝、息子さんが訪ねて来たとき、寝ていたヨシノさんを起こさず、花だけ置いて帰りました。目が覚めたヨシノさんに食事介助をしながら息子さんからのお花を見せ、「いい息子さんだね、長生きしようね」と話をしていたら、突然、スプーンをポーンと投げ、「もういらん」と横になってしまいました。

普段は感情をなかなか表に出さないので、突然の感情の爆発に、「どうして、ごめんね。食べて。お願い、元気出して」と声をかけたのですが、ヨシノさんは心を閉じてしまいました。

寝たきりで生きなければならない悲しみの中にいると、こういう感情の爆発がときどきあります。でも、その後すぐにヨシノさんは「すまんかったね」と、詫びてくださいました。

誰しもが孤独を胸に生きているのです。

初めての看取り――寂しさの中の尊厳

11月のある朝、私は「なごみの里」で、1人の幸齢者を看取ろうとしていました。竹村博さん（79歳）、「なごみの里」で初めて受け入れた幸齢者でした。

脳梗塞で倒れて以来、言葉を発することも、体を自由に動かすこともできない。かつて奥さんに介護されながら、隣島の西ノ島で暮らしていました。博さんにとっては孤独な毎日だったに違いありません。長年連れ添ってきた奥さんにすら自らの意思を伝えることができないのですから……。

次第に不眠症に陥り、いつしか死の恐怖におびえるような生活になり、その苦しみから逃れたいという思いは、ついに暴力という形で表れるようになっていました。でも腰痛を患う奥さんには、これ以上夫の介護を続けることはできず、博さんは船で私たちのもとへ運ばれることになったのでした。

そして、ある日の朝、博さんの体が突然動かなくなりました。硬直化も認められる。一刻を争う事態になっていた。私は受話器を握ると、島でただ1人の医師、知夫村診療所長の柿木伸之先生に急を告げました。

この島で家族と共に暮らす柿木先生は、島根県三刀屋町出身で島民には欠かせない大切な人です。「住民の家々を病室として、島全体がホスピタル（病院）になりつつある」と常々話していました。「なごみの里」を立ち上げたときから何かと支援してくださり、この島で私の最も頼りとする人でした。私の志を十分に理解し、私が迷うと適切なアドバイスをしてくれる。しかも24時間体制で幸齢者の往診にも応じてくれるから安心です。

博さんを往診した柿木先生は、こう切り出しました。

「本土の病院に移送されますか。それともこのまま『なごみの里』で看取られますか？」

外は季節風が吹き荒れ、隠岐の島々を結ぶ内航船は欠航している。知夫里島までは20分ほどで渡って来られる距離でも、博さんの家族は駆けつけることができない。早くても翌朝の第一便で来る以外にありません。電話で奥さんに相談すると、突然の知らせに動揺し、落胆する奥さんの姿が目に浮かびました。しかも、病院を選ぶべきか、それとも「なごみの里」を選ぶべきか、大事な決断を迫られている。やがて奥さんは、落ち着きを取り戻すと、迷いを断ち切るかのように言いました。

「本人のために『なごみの里』で最期を迎えさせてやってください」

その後も危険な状態は続き、博さんの奥さんや家族が何度も駆けつけました。一時は回復の兆しが見えたこともありましたが、もち直すことはありませんでした。

ある晩、博さんにつききっきりで介護をしていた職員の細野道寛さん（24歳）がポツリと言いました。

「死を覚悟するときって、こんなにも寂しいものなんですね」

言い知れぬ寂寥感《せきりょうかん》。この寂しさを乗り越えるには博さんに真心を尽くす以外にない。それは「なごみの里」の誰もが知っていた。私はマザー・テレサの言葉を思い浮かべていました。

「人は最期の輝きの中で応え合うものがある」

言葉を発しない博さんが教えてくれた「寂しさの尊さ」。最期のそのときは刻一刻と近づいていました。人間の死はこの世に生を受けたその瞬間から、すべての人に約束されている。その意味で、人は皆、余命を生きている。目の前の博さんも、今、79年の人生に幕を下ろそうとしている。

あれは昼過ぎの出来事だった。博さんはついに水分も取れなくなってしまいました。目は空ろで、私たちスタッフの呼びかけにも応じません。柿木先生から危篤状態だと告げられ、私は急いで奥さんに連絡を入れました。

「そちらで主人の最期を見届けたいのですが、ご無理でしょうか」

「ご家族が希望されるなら、最期までご主人のお世話をさせていただきます」

そんな私たちの会話を聞いていたのでしょうか。博さんの後に入所してきた92歳のヨシノさんがつぶやくように言いました。

「博さんの布団に、わしのアンカを入れてやってくだされ」「博さんにわしのようかんもあげてくだされ……」

夕暮れ近くになって、博さんの家族が到着しました。外は深々と雪が降り積もっています。やがて「なごみの里」が夜の静寂に包まれると、ヨシノさんは「四国の弘法大師にお願いする」と言って般若心経を唱えだしました。まるでヨシノさんには、そのときがわかっていたかのように。

夫の頭をやさしくなでながら「私が腰痛さえ患っていなければ、家に連れて帰りたかった」と語りかける奥さん。その姿には長年、夫と苦楽を共にしてきた妻の深い愛情がにじみ出ていました。私たちスタッフもベッドの横に座り、博さんの手をしっかりと握りしめながら、声をかけ続けます。博さんと過ごした楽しい日々を思い出しながら。

私たちはよく博さんを車いすに乗せ散歩に出かけたものでした。博さんは海を見ながらお茶を飲んだり、大好物の草もちを食べたりするのが好きでした。海岸で橋の建設作業を見つめる博さんの表情はとても真剣でした。きっと建設現場で汗を流していた若き日の自分に戻っていたのでしょう。「もう帰りましょうか」と声をかけても必ず首を横に振り、1時間も2時間も建設中の橋を見つめていました。

そんな光景を思い浮かべながら、私は博さんの手を握りしめていました。ときどき、苦しむようにあえいでいましたが、次第に体の痛みが消え、博さんの表情が和やかになっていきます。安らかな笑みを浮かべ、最期に大きくひと息吸ったかと思うと、ついに息絶えました。大往生でした。

人の最期に接したときに漂う静寂。私たちは博さんから「命のバトン」を受け取ったのです。深い悲しみの中で、私たちは命の喜びを知り、生へのエネルギーを手にする。私たちを幸せへと導く、計り知れない大きな宝物でした。

「ありがとうございます」と奥さんが頭を深々と下げられた。私たちは博さんの体を抱きしめ、最後の別れを告げました。その夜、博さんの亡骸《なきがら》は船に乗せられ、生まれ故郷の西ノ島へと運ばれました。長い長い、1日でした。

私は白波を立てながら闇の中へ消えて行く船に向かって、いつまでも手を合わせていました。あたりに降り積もった雪が、いつにも増して美しく輝いて見えました。寒いはずの北風すら、なぜか快かったのです。

「なごみの里」で初めての大役を果たせた喜びが、ふつふつと込み上げてきました。

「博さん、本当にありがとうございます」。感謝の気持ちで胸がいっぱいでした。

魂の故郷へ帰って行く「安らかな死」

ある日、私のパソコンに1通のメールが届きました。自宅で娘さんを看取った母親からのものでした。

大阪に住む41歳の主婦です。昨年12月20日、次女の優香を脳腫瘍で亡くしました。1年間の闘病でしたが、本当に充実した輝くばかりの日々でした。

亡くなる1カ月ほど前から魂が表に出てきたようです。優香はいろんな言葉を私たち家族に残してくれました。物が二重に見えるという障がいの中で、優香は本当の魂の世界がハッキリと見えていたようです。

「優香、飛んだよ」

「たくさんの人がいたの。飛んでるの。でも歩いてる人もいたよ」

「優香、びっくりしたよ。人がいっぱいいいたの。おめでとうって言ってたよ」

「優香の名前、書いたらいいいかなあ」

「どこに?」

「羽」

「優香、今、光ったの」

「何色?」

「いろいろ、いろいろ……」

亡くなったのは10時43分。それはまさに優香が産まれた時刻でもありました。「魂は不変だよ、肉体は亡くなるけど、私は生き続けるんだよ」とまるで私たち夫婦を安心させるかのように、いろいろな現象を見せてくれました。

まさに優香が意識を失ったときでした。ある友人の夢に優香が学校の友達と楽しそうにしている光景が現われたそうです。

別の友人はお葬式のとき、同級生が焼香している足元を青くて丸い光がコロコロと転がっていったと言っていました。

多くの場合、脊髄にまで転移すると、体には相当な痛みを感じるそうです。しかし、優香は最後まで痛みもなく、私たちともしっかりと話すことができました。そして、眠るように安らかに旅立って行ったのです。

唯物主義者である夫が魂の存在を信じ、夫婦で笑顔で優香を見送ることができました。これもすべて優香がさまざまなことを現象として見せてくれて、私たち夫婦を成長させてくれたからと思えてなりません。

「ありがとう」と優香の写真に語りかける日々です。こんな子供（魂が現われてからは子供という感じではありませんでした）がいたということを知っていただきたくメールを出しました。

在宅で最後まで介護でき幸せでした。

メールはそう結んでいました。

今、優香ママは地域の子供たちのために、ボランティア活動に力を注いでいるという。優香ちゃんの分まで生きていこうと懸命なのです。きっと彼女は娘さんの死を通して、これから自分がどう生きるべきかを悟ったのだろう。私にとっても本当に勇気づけられる話でした。

人間は本来「安らかな死」を迎えることが約束されている。それを信じて生きていくことで、私たちは「安らかな生」を手にすることができるのではないでしょうか。

すべての人間に平等に与えられた死。それは私たちがこの世で肉体を手放し、魂の故郷へ帰って行くことだと私は信じています。そこはなんとも心地よい安らかな世界であると、多くの幸齢者が語っています。

現代では夏休みなどを利用して、多くの人々が国内外を旅するようになりました。おそらく目的地を決めずに旅をする人はいないでしょう。最後に訪れる場所を決めるから切符が買えるのであって、切符を買うから最後の目的地が決まるのではない。人生も同じだと思います。死という人生の終着駅をきちんと見据えない限り、自分かどう生きるべきかを悟ることはできないのです。

しっかりと自らの行く先を決めて凛として生きていく。それこそが人間らしい生き方だと思う。死は決して忌み嫌うべきものではない。それは私たちが魂の故郷に帰る日なのです。それを無理やりに引き止めるかのような、行き過ぎた医療行為は決して許されるべきではないでしょう。その意味で私たちは自分がどんな最期を迎えたいのか、しっかりと決めておくことが大切です。そのとき、私たちは医療を介さなくとも、自然な死が迎えられることを忘れてはならないと思います。

自死でもお迎えは来ている

前に書きましたように、私は小学４年生のときに臨死体験をしています。そのときに、体というものは自分のものではなく、借り物だと感じました。また、大人になってから自殺未遂をして、死にそびれてこちらの世界にもどってきた身です。少なからず、「体から魂が抜ける」ということの意味を理解しているつもりです。

死というものは、あちらからお迎えが来て、初めて逝けるものです。そして、お迎えが来なかったら必ずこちらの世界にもどされます。ですので、自死で亡くなられた場合も、あちらからお迎えが来ているはずです。

私たちは勝手に、自死はいけない、事故死は残酷だなど、目に見える事象で善し悪しを決めつけていないでしょうか。もちろん、自死という選択肢はないに越したことはありません。しかし、何が起こるかわからない世の中で、主観的な価値観だけで決めつけるのは、あまりにも愚かなことです。死の前には善悪の判断など存在し得ないのです。

私の知人に、息子さんを自死で亡くした方がいらっしゃいます。彼女は、毎年息子さんが亡くなった6月になると、必ず具合が悪くなります。母親ですから、そう簡単に割り切れるものでもないのでしょう。同じ母親として、その気持ちは理解できます。

息子さんはうつ病になり、最終的に自死をされたのですが、自死を図る人のほとんどは、うつ病が原因ではないかと私は推測しています。私がマクドナルドでバリバリ働いた末、家庭が崩壊してしまったときもそうだったのですが、自分を見失ってしまい、いつも「自分が悪い」「できないことが悪い」と、何をどれだけやっても罪悪感から逃れることができませんでした。そのときに唯一考えられたことが、「睡眠薬を飲めば楽になれる」だったのです。

もちろん、それは正常な判断ではありません。しかし、そのときはそれしか道がないように思い込んでいたのです。そのときの私の状態は、どんなに近しい人がそばにいたとしても、誰にも止められなかったでしょう。

ところが、睡眠薬を大量に飲んだとしても、ビルから飛び降りたとしても、首を吊ったとしても、そのまま死に進む人と引きもどされる人とに分かれます。それは、私たちが「オギャア」と生まれ落ちたときから、限られた命をもらって生まれているからで、その命の長さをまっとうしているかどうかで分かれるのだと思うのです。もどってくる人の場合は、まだ今世でやることがあるということです。逆に自死を果たした人は、この人生でやることは一応終わった、というふうに私は理解しています。

命の価値は長さではありません。十分に生き切ったかどうかです。自死だったけれども、その人にとっては周りの人に命の重みを伝える役割があったのかもしれませんし、何か訴えたいメッセージがあってのことだったのかもしれません。もしかしたら、そのメッセージを訴えるために、自死という方法を取らなければならなかったのかもしれません。

遺された人は、そのメッセージをきちんと深く理解して、心に刻んで「ありがとう」と思うことから、次の一歩が始まるのだと思います。

どんな命、どんな死にも感謝しかありません。とはいっても、親御さんやご家族は、きっとなかなか受け入れられず、「どうして自分は救ってあげられなかったのだろう」と、自分を責め続けることでしょう。

しかし、命の長さは決まっていたのだから、どれだけ親御さんやご家族がそばで目を光らせていたとしても、きっと救えなかったのではないかと思うのです。逝くときは逝ってしまう。

けれど、どのような形であれ、その人は命の長さの分を生き切ったわけなので、「ありがとう」と感謝して、手放してあげてほしいのです。罪悪感や責任感などで相手の魂をつかんで放さないようなことはせず、生き切った魂を解き放すのです。そうすることで、その魂も救われることになるし、遺された人間にとっても救いになると思うのです。

たとえ声は出せなくても

「きょうはジャーマキ（＝蛇巻き）だよ」

「もうすぐ正月が来るね」

「ジャーマキ」は毎年11月28日に行われる知夫里島の伝統行事で、巨大なワラの蛇を作ることから始まる。角をつけた長さ50センチほどの頭に、太さが直径約15センチ、長さが10メートル以上もある胴体をつける。このワラの蛇をもって「荒神の木」といわれる神木のあるところまで練り歩き、この神木にワラ蛇を巻きつけるのです。

島の行事にうとい私たちスタッフは、こうしたボランティアさんの会話に救われ、幸齢者との関わりを深めていきます。

「ばあや、きょうはジャーマキだよ」

ヨシノさんの脳裏にジャーマキの光景が鮮明に写し出され、思い出話が始まります。島外出身の私たちは黙ってうなずくばかり。話を終えると遠くを見つめながら、ヨシノさんは右手だけで合掌しました。左手を動かすことができないので、いつもそうやって神さまに祈りを捧げていました。

以前、介護をしていた太田義男さん（82歳）も、よくそんなふうにしてお地蔵さまに手を合わせていました。義男さんは脳卒中の後遺症で左半身が麻痺し、言葉を発することができなかった。そんな義男さんを抱き起こし車いすに移す。車をよけながら、いつもの散歩道を歩く。小さな公園で木陰を見つけ、義男さんと水筒の麦茶を飲む。

「ほら」とばかりに指さす先には、小さな紫色の都忘れの花が一輪咲いていました。

「可愛いいですね。花は誰も教えないのに、花を咲かせる時期を知っているんですね」

ひと息ついた後、再び私は義男さんの車いすを押し始めました。うるさいほどの蝉しぐれでした。私はふと、義男さんが麻痺した左手に右手を重ねる姿に気づきました。

道端に古いお地蔵さまが立っていた。私はすぐ車いすを止めた。義男さんは目を閉じ、頭を下げる。いったい、義男さんはどんなことを祈っているのだろうか。毎日、ベッドの上に横たわり、誰にも自らの思いを伝えることができない。そんな生活を何年も送ってきた。もし私がある日突然、声を奪われたとしたら……。手足の自由を奪われたとしたら……。義男さんの苦悩を思うと、私の胸は張り裂けそうでした。義男さんの家族もどんなにかつらいことでしょう。

私は母親の介護をする男性からこんな相談を受けたことがあります。

「母は体に障がいがあり、言葉も話せません。特別養護老人ホームにいるのですが、面会に子供たちを連れて行けません。白いベッドに横たわる母、そして母と同じように言葉もなくベッドで眠る他のお年寄りたちを見ると、私ですら怖いと感じてしまうんです。死をひたすら待つために、ここにいるのかと思うと本当につらいんです。悪いとは思いながらも、つい足が遠のいてしまいます。いったい、私はどうすれば……」

私はそのとき義男さんの苦悩を思いました。愛する息子や孫が会いに来ても話せない。手も握れない。その胸のうちが誰にわかるでしょう。「ありがとう」、こんな簡単な言葉すら伝えられない。愛する息子は、言葉を口にできない母を「わからないんだ」と思い込む。けれども、母はこう思うでしょう。

「面会に来てくれてありがとう。どんなに会いたかったことか。あなたに会えることが何よりもうれしい。でも、あなたの忙しい時間を割いてはいけない。こんな体になったんだから、皆に迷惑をかけてはいけない。我慢しなくては……。皆どうか元気でいておくれ」

苦しみを心の奥にたたみ込んで、障がいをもつ幸齢者は生きている。たとえ声を出せなくとも、私たちと同じように思い、悩み、苦しみ、そして、喜んでいることを知ってほしい。体の自由を奪われた母の手を握る。それは私たち家族の当然の役割です。手を握り、懐かしい親子の思い出を語る。会話は尽きない。どうか小さな子供たちも一緒に面会に連れて行ってほしいのです。子供たちの前で母への感謝の言葉を口にするとき、その思いはまた、その子の口から老いた自分へと巡ってきます。幸齢者を囲んで豊かな時間をもつことが、自らの老いを豊かにしていくのです。

「ボケ万歳、寝たきり万歳、人間万歳」

待つ時間が長ければ長いほど、喜びは大きい。実は私も離島に移り住んで、初めて待つことの尊さを知りました。

冬に講演の予定があると、私は2日前には島を離れることにしていました。それでも海が荒れ、本土にたどり着けないこともあります。講演の主催者は会場に集まった何百人もの人々に、どう説明すれば納得してもらえるのか、頭を抱えることになる。もはや、私には祈ることしかできません。

講演に穴を開けるわけにはいかないので、長期予報を聞きながら、近所の漁師さんにも相談することにしました。さすが何十年もの間、日本海の荒波と闘ってきた方です。長い経験で培った知恵と、その鋭い勘で海上の天候を見事に言い当てます。その確率は巷の天気予報など比ではありません。

私はいつものように漁師さんに天気を確認し、本土へと講演に出かける。旅の間中、『私は誰になっていくの？』（クリェイツかもがわ）という本を貪るように読んでいました。「認知症を生きる」ことへの理解を世界中に広げようと活動しているクリスティーン・ブフイデン（旧姓ボーデン）さんの本です。彼女は、国際アルツハイマー病協会の理事を務めています。かつてはオーストラリアの政府高官（首相・内閣省の第一次官補）としても活躍していました。しかし彼女は46歳のとき、アルツハイマー病と診断され、人生が一変します。彼女は冷静に客観的に自らの病と向き合うためにこの本を執筆したのです。その中で彼女は私たちにこんなメッセージを寄せています。

「私は痴呆症患者ですが、だからといっておびえたり恥ずかしがって隠れていたくはありません。痴呆症は、他の病気と同じように1つの病気であることを私は知っていますし、痴呆症患者も、敬意を払われ尊厳を保たれるべき価値のある人なのです。――私たちが痴呆症であっても、たとえそのために理解しがたい行動をとったとしても、どうか価値ある人としての敬意をもって私たちに接してください」

なぜならアルツハイマー病になっても、人は人格の核である人間の精神性、すなわち自己の核心を奪われることは決してないからです。そのことを知ったとき、彼女はかすかな希望を手にします。

「人生のどの側面においても、私という存在の中心は、いつもその中にあり、いろいろな形の私の中にその姿を表している。この『私』独自の本質は、私の中核にあって、最後まで私に残るものだ。私はきっと今までより、なおいっそう真実の『私』になっていくのだろう」

こんなに素晴らしいメッセージが他にあるでしょうか。彼女は日々「違う誰かに変わっていく」ことへの恐怖を乗り越えたのだ。私は心の底から感動しました。

テレビや新聞などで老後の生き方について語られるとき、とかく「健康で長生きしましょう」といった論調の話が多い。たしかに、それは幸齢者の切実な願いではあるけれど、かえって多くの幸齢者に老後の不安や死の恐怖を増長させる要因になってはいないだろうか。私にはいささか疑問です。それは生にのみ価値を見出し、老・病・死を切り捨てようとする。そんな社会の価値観から導き出された答えのように思えてならないからです。

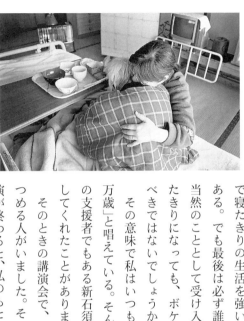

人はこの世に生を受けた限り、老いも病も死も決して避けて通ることはできません。私たちは病で寝たきりの生活を強いられることもあれば、ボケてしまうこともある。でも最後は必ず誰もがこの世を去って行く。それを私たちは当然のこととして受け入れていかなければならない。だからこそ、寝たきりになっても、ボケても、安心して暮らせる社会を築いていくべきではないでしょうか――。

その意味で私はいつも講演先で「ボケ万歳、寝たきり万歳、人間万歳」と唱えている。そんな私のメッセージに共感し、「なごみの里」の支援者でもある新石須久さん（61歳）が松江市内で講演会を企画してくれたことがありました。

そのときの講演会で、最前列の席に座り、真剣な眼差しで私を見つめる人がいました。その目は次第に潤み、私を捉えて離さない。講演が終わると、私のもとへ歩み寄り「あなたは、やさしいんだね」と私の手を握りしめました。私の心はなんとも言えない温かさに包まれた。その人は90歳の幸齢者でした。彼が認知症を患っていたことを、私は後になって主催者から知らされました。その日はデイサービスの日でしたが、どうしても私の話を聞きたいと、ヘルパーさんにつき添われ会場を訪れたそうです。

私は彼が講演中に涙を流していた理由がわかりました。きっと他の幸齢者と同様、彼は不安な毎日を過ごしていたのだろう。誰でも認知症になれば、自分を失っていく不安に駆られるし、いよいよ最期のときが迫れば、これから自分はどこへ旅立ち、誰に生まれ変わるのか、という恐怖にも駆られる。だから、彼は私の看取りの体験を聞きに訪れたのだろう。そして「たとえ、認知症になったとしても、感性までも奪われることはない」「死は決して苦ではない」という私のメッセージが彼の魂に響いたのでしょう。

「やさしいんだね」と私の手を握りしめた彼のあの姿こそ、認知症の幸齢者が人間としての感性までも奪われていないことの証ではないのか。そう思うと、胸が熱くなりました。

あのとき、私の講演を最前列で熱心に聞いてくれた人が、もう1人いた。亡き母が入院中にお世話になった出雲市民病院看護師長の河瀬桂子さん（48歳）でした。彼女もまた講演を終えた私のもとへ駆け寄り、励ましてくれた。

「病院でも患者さんに自分らしい最期を迎えていただけるよう、日々努力しています。これからも患者さんや家族の方々と話し合いながら、よりよい方向に導きたいと思っています。だからあなたもがんばってくださいね」

別れ際、河瀬さんは封筒をそっと差し出しました。病院の仲間に呼びかけて募った支援金でした。

「助かります。本当にありがとうございます」

私はたくさんの感動とたくさんの善意を胸に、講演会場を後にしました。

４つの苦しみ

私達は、死を前に４つの苦しみがあると感じます。その４つとは、「身体的な苦しみ」「精神的な苦しみ」「社会的な苦しみ」「スピリチュアルな苦しみ」です。

①身体的な苦しみ

末期がんの場合もそうですが、身体的な痛みという苦しみがあります。身体的な痛みは、人を精神的にも弱め、生きることに対する希望を奪いかねません。できる限り取り除く努力が必要です。現代医療では、モルヒネの投与などで身体的な痛みを和らげる方法はいくらでもあります。モルヒネは呼吸苦にも使われます。先ずは身体的な苦しみを取ることで幸せな暮らしが続けられます。

②精神的な苦しみ

体が思うように動かせなかったり、状態が良くないことへの苛立ちから気持ちが落ち込みます。また、身体的な痛みがいつまで続くだろうという不安、これから自分はどうなっていくのだろうという不安。こうした不安が続くと精神的な苦しみにつながることがあります。人への不信感が募って苦しみが増す場合もあります。

たとえば、余命数カ月の宣告を受けて、「最期は家で過ごしたいと家族に頼んだが受け入れてもらえない」といったことがあると、健康なときに自由だっただけに苦しみが大きくなります。幸せな最期の条件の中にも「自由であること」が挙げられますが、体が思うように動かなくなると、精神にも影響しますので、希望が通りやすい環境があることは大切です。

③社会的な苦しみ

家族から離れていく孤独感や、社会から一人取り残されるような寂寥感による苦しみです。できる限りご家族や友人と一緒の時間をつくり、その時間を大切にしましょう。また、患者と社会のつながりを大切にしていく必要があります。そして経済上の問題も社会的な苦しみとなります。支える人の有無と、本人が抱える寂しさへの理解が、この苦しみの度合いに関係します。

④スピリチュアルな苦しみ

スピリチュアルな苦しみ、痛みというのは、とてもわかりにくい類のものです。スピリチュアルな痛みについては、人生の意味、死の恐怖、死生観に対する悩みなどが挙げられます。自分の中心である魂がどういうことに恐怖を感じるかで、その引き金が異なってくると思いますが、自分という存在そのものを否定されたときに起こると考えられています。

木佐聡希さん（享年59歳）のケースをご紹介します。

40歳のときにパーキンソン病を発した木佐さんが、絶望の中で見つけ出した生きる希望は「写真」でした。愛用の一眼レフを相棒に、毎日のように愛する花々をファインダーに収めるようになりました。やがて、その写真の数々は、写真集『花想――パーキンソン病18年の軌跡』（セントプリンティング刊）として出版されました。身体的な苦痛、精神的な苦痛を乗り越えて、彼女は自分の生きた証を残そうとしたのです。

人生の最後の2年間を彼女は、看取りの家「なごみの里」で過ごしました。そのころの彼女は、体重はわずか28キロ。やせ細った体に一眼レフのカメラは重すぎました。私たちスタッフは、安全のために「軽いカメラを使ってください」と頼み込みましたが、木佐さんは頑として譲りません。彼女にとって、生きがいともいえる写真を諦めなければならないことは、社会的な苦痛、さらにはスピリチュアルな苦痛も意味します。そこで、私は「これで写真を撮り続けてください」と携帯電話を渡しました。木佐さんは、しぶしぶながら、私の気持ちを汲んでくださり、携帯電話についているカメラ機能で毎日写真を撮り続けました。

その後、木佐さんは肺炎で入院し、自らの選択で胃ろうをつけることになりました。退院予定日の2日前、食べることが好きだった木佐さんは医師に、「退院したら、食べてもいいですか?」と尋ねました。そのとき、先生はきっと忙しかったのだと思いますが、「だめです」とそっけなく否定したのです。

木佐さんは、翌日、旅立っていかれました。

生きる希望とは、自分が生きている意味があるからこそ湧くものです。自分で何もできなくなった木佐さんが最後に求めたのが、口から何かを食べることだったのだとすれば、食べることすら許されないことで、自分の存在すら否定されたような気持ちになったのではないかと思います。

あのとき、ハチミツ1さじでも、砂糖一粒でも口にすることを医師が許可していたら、木佐さんはあんな急な逝き方をしただろうか、と今でも考えることがあります。それくらい、人にとっては「自分の生きる意味」は大切なものなのです。

実はこのようなケースはしばしば起こっているように感じます。何気なく言った一言が、その人をひどく傷つけてしまい、生きる気力をなくすほど失望させてしまうのです。

介護や看取りをする場合は、相手を深く理解しようと努めます。理解したくてもすべてを理解できないのが現実なのですから、不用心な一言で希望を失わせて、苦しみを与えてしまうような不幸なことは、避けたいものです。

「死の尊さは、命の尊さ」

「明日もまた目覚めることができたら、元日の朝を迎えたように嬉々として、命あることに感謝しよう。そして何事も一つひとつ真心を込めて、幸齢者の方にお仕えしよう。もし夕に自分の命が果てたとしても悔いはない。今という時間を感謝の中で重ねていきたい。そして、最後に『ありがとう』と言って、あの世へ旅立っていきたい」

いつの頃からか、たぶん「なごみの里」を開設してしばらく後、私はそんな気持ちで毎日を迎えられるようになっていました。すべてを捨て、幸齢者の死に寄り添って生きる中で、私は初めて人間らしい生き方に目覚めることができたのです。

この世に生を受けた一人ひとりの人間には、すべて大切な役割がある。今までの人生がどうであれ、たとえ罪を犯し、人々からどんなに罵られようとも、生かされるべき尊い存在なのです。私はいろいろな人生を背負った幸齢者を看取る中で、本当にすべての命は等しく尊いものだと思えるようになりました。よく「あいつはろくな死に方をしない」などといった話を耳にしますが、私はそうは思いません。

皆、安らかな笑顔を浮かべて、この世を旅立っていく。私たちはこの世に生を受ける、まさにその瞬間から愛の中に生まれ、愛の中で生かされ、愛の中で死を迎える。どうか、そのことを1人でも多くの人々に知ってほしい、と私は願っているのです。

幸齢者が自然死を迎える——全国でもほとんど例のない看取りの家「なごみの里」では死はいつも身近にある。それもちょっとだけ手を伸ばせば届くほどの距離に。そこに身を置いて生活している私には、今こうして一瞬一瞬を生きていること自体が尊く、何にも代え難い大切なひとときに思えてなりません。きっと誰もが命の本当の姿に目を向けたとき、「自分は今、奇跡の中で生きている」と実感するに違いない。自分がどれほど多くの命の上に存在するのか。先祖の誰一人が欠けても、自分という命はこの世に存在しない。それこそ奇跡の連続によって私は誕生し、今、この「なごみの里」で幸齢者を看取っているのです。

思えば、私の亡き父は「死は苦でない」ことを身をもって教えてくれました。幼心に刻まれたその言葉は今ようやく昇華したように思います。もしも、父の最期を看取っていなかったら、私は老人介護の世界に身を置くことも、こうして離島で幸齢者の死と向き合うこともなかったでしょう。

人は死に背を向けている限り、あるいは生にのみ執着している限り、決して心に真の安らぎを得ることはできません。死を遠ざけようとすればするほど、苦しみや不安は増していく。しかし、離島で暮らす幸齢者のように、死をあるがままに受け入れて生きようとするとき、私たちの人生は大きく変わるのです。

離島にも桜が咲くころ、私はある小学校の授業（総合的な学習）に招かれ、「命の尊さ」について語る機会に恵まれました。生徒は小学5年生の子供たちでした。私は「なごみの里」の暮らしや看取りの体験について語りました。きっと子供たちの多くは私の話にずいぶん戸惑い、驚いたに違いありません。それまで子供たちにとって死は悲しいことであり、恐ろしいことでしかなかったのだから。しかし、子供たちの眼差しは真剣そのものでした。

後日、私のもとへ子供たちの感想文が寄せられました。

「生きているから死があるということがわかりました」

「死ぬまでしっかり生きたいと思いました」

「（死は）この世から肉体が消えても、魂は誰かの心に残ることだと考えています」

「お母さんやおばあちゃんを大切にしたいです」

「死は誰もがもっているものだと考えたことはありませんでした」

どの子供たちも生と死を同じ視点で捉えようとしていることに、私は驚かされた。子供たちがこれほど鋭い感性をもっているとは夢にも思わなかったからです。なかにはこんな文章もありました。

「おじいちゃんが死んだとき、棺おけに釘を打つことができませんでした。（でも）生きるということも大切だけど、死ということも同じくらい大切なんだと感じました。生と死は反対ではないと思います」

私も子供たちから自分がなんのために「死の尊さ」を語っているのかを改めて教えられた気がしました。生と死は本来一つのものであるということを、子供たちはありのままに心で受け止めたのでしょう。生と死を同じ視点で捉えたとき、私たちは初めて命の喜びをかみしめられるのです。

私たちは次代を担う子供たちに「命の尊さ」を伝えていかなければならない。

死を非日常的な世界に閉じ込めている限り、私たちは決して「命の尊さ」に目覚めることなどできない。死をタブー視するのではなく、家庭や学校、そして、地域社会の中で、誰もがごく自然な気持ちで「死」について話し合えることが何よりも大切ではないのか。私は子供たちの感想文を読みながら、そんな思いを抱かずにはいられませんでした。

第Ⅱ部

この国で死ぬという「現実」

他人への愛というのは、
あふれる出る水のようなものです。
まず、自分の心を、愛で満たすこと。
自分の心が愛で満たされた時、
人ははじめて、
他人を愛することができるようになります。

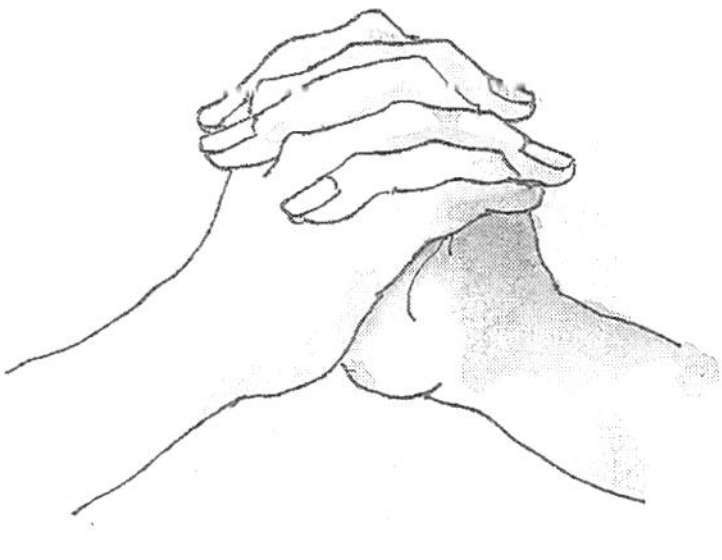

◆第4章

多死社会へのパラダイムシフト

祈らずにはいられない

私は毎朝、1時間ほど静かに瞑想します。手を合わせ、ひたすら平和を祈ります。

出雲大社の氏子の家に生まれ、14代続く大国家の家長だった父は熱心な大社教の神徒でした。そんな大国家の末っ子として生まれた私にとって祈りは暮らしの中の日常でした。

まだ暗いうちに起きてトイレと部屋の掃除をした後、約1時間お祈りをします。それは鳥の声を聞き、波の音を感じる時間でもあります。お香を焚き、般若心経を唱えて、そのあと世界の平和を心の中でひたすら祈ります。

特別な宗教をもっていませんが、朝の祈りは、神秘なエネルギーが生まれ出て、そのエネルギーに包まれ、生き生きと日常生活が輝いていく、大切な時間です。

そして朝日がのぼるころに朝食の支度に入りますが、20年以上も前から食事には気を配り玄米菜食を常としています。

旅立つ人とともに過ごす、看取りのときは神聖なもので、その神々しさとエネルギーを受け止めるにはそのような暮らしが必然になるのかもしれません。

毎日が感謝と祈りの中で暮らしているというのが実感です。看取っている人を見送るときには涙が止まらないのですが、不思議と周りの世界が輝いて見えるのです。緑の自然も一層美しく見えます。野に咲く花や虫たちが、すべていとおしくなります。

祈りとは「神さまに近づく」と書く。心静かに祈るとき、私の心はとても美しい鏡のようになるから、なんともうれしい。祈りや瞑想をするとα波という脳波が現われ、心身の健康にとてもよい影響を与えることはよく知られています。

祈りが治病に及ぼす影響について、アメリカの医学者、ラルドルフ・バード氏は次のような研究結果を発表しています。

サンフランシスコ総合病院の冠動脈科病棟で入院患者393人を対象に、まず人々の祈りを受けるグループと、受けないグループに分ける。次に祈りを送る側の人々が決められ、さまざまな信仰をもつ人たちが選ばれました。それぞれが担当する患者に定期的に祈りを捧げるのですが、患者との面識はない。もちろん、祈りを受ける側の患者たちも自分がどちらのグループに入っているかは、患者本人をはじめ、医師や看護師にも知らせない。心理的な影響を避けるためです。

両方のグループの患者は通常の医学的治療を受けています。その結果によると、祈りを受けた患者のグループは、祈りを受けなかった患者のグループよりも抗生物質の投与量が5分の1に減ったという。明らかに、祈りを受けた患者のほうが、より健康的になったというのです。

また祈りと治病の関係について、数多くの実験をしたラリー・ドッシー博士も、その著書『祈る心は、治る力』（日本教文社刊）の中で次のように書いています。

「祈りの効き目を実験が証明できるかできないかという問いは意味をもたなくなってしまったと言っていい。なぜなら、もうすでに実験は祈りの効果を証明してしまったからである」

病気の人を癒すために祈るのも、平和を祈るのも、私は同じだと思っています。私にとっては早朝の祈りこそが、自らの心をも癒す、とても尊い時間なのです。祈りは神秘なるエネルギーを生み出し、そのエネルギーに包まれるときであり、生き生きと日常生活が輝いていく、そんな大切な時間なのです。

苦悩する医師たち

現代医療の世界では、エビデンス（科学的根拠）が常に問われていますが、そういうものでは割り切れない神秘、奇跡としか言いようがない現象が世の中にはたくさんあります。信仰のない人でも近代合理主義の限界に気づいたとき、祈らざるをえないのです。

私自身、顎下腺がんを患ったとき手術によって救われた人間です。医療も愛と理解しています。選択肢としてたくさんの解決法があることを幸せに思います。それでも私は顎下腺がんの手術前夜には、マザー・テレサの写真を前に祈りました。

ある日、大阪での講演から離島に戻ると、「なごみの里」に1通のメールが届いていました。大阪の講演で出会った女性医師からのものでした。苦悩する医師の正直な声でしたので、そのままここに紹介します。

実は何も「なごみの里」のことを知らずに、柴田さんの講演会に伺いました。まさに私のやりたいような施設だと思いました。私の理想としては、海の見える自然の豊かなところに、5床前後で家族も一緒に寝泊りできる施設を作りたい。日本家屋のような建物で生活感のあるものにしたい、と思い描いています。しかし経営的なことを考えるとつい躊躇してしまい、なかなか踏み出すことができません。

柴田さんの講演を聞いていて感じたことがあります。自然死というのは、ある意味ではとても美しく聞こえるのですが、やはり医師としての習い性なのでしょうか。

まるで医療行為のすべてが否定されてしまうようで、とても悲しいです。

医師も人間です。常に人の苦に接し、その責任を負うわけですから、苦しんでいます。なかにはその重みに耐えかね、潰れていく人も多くいます。年間100人以上の死を看取り、患者さんから「あの先生の担当になれば死ぬ」などと陰口を言われることもあるのです。アルコールの力を借りても眠れなくなり、結局、臨床を離れた方もいました。私自身も今年になってから、すでに両手の指に余るほどの人を看取っています。

過労死した同僚、先輩も数多くいます。医師も苦しんでいるのです。一般の方は、一生のうちで人の死に接することなど数えるほどしかないでしょう。

ほとんどの人は自分が病気になったときとか、身内が亡くなるまでは、自分が死すべき存在であることすら気づいていないのではないか、と思います。

私たち医師とは死に対する認識が明らかに違うのです。この溝を少しでも緩衝《かんしょう》するにはどうしたらよいのか。「なごみの里」のようなところを増やす、というのも1つの解決法だと思います。

……

この長いメールをくれた女性医師は、とても若々しく燃えるような目をしていました。医療に対する不信感が高まる中、人間としての尊厳を大切にしようと、日夜心をくだかれている医師がいることに私は勇気づけられました。こういう人々がいる限り、きっと医療の現場も変わるに違いない。いつかは必ず多くの人々が死の尊さに目覚めるはずです。その日が1日も早く訪れることを、私は祈らずにはいられません。

「死を不幸にしない」パラダイムシフト

女性医師のメールに見るように、医療関係者の多くは日々の医療に矛盾を感じたり迷ったり悩んだりして自らの役割を果たそうとされています。最近は、延命治療の是非がずいぶんマスコミの間でも取り上げられるようになってきましたが、救急車を呼ぶほど緊急のとき、「生かして！」という意志表示だから、医師としては延命処置をするしかありません。医師は、その患者がこの先どうなるかがわかっていても家族が懇願するかぎりそれに応えるしかない、という立場だから苦労するのです。下手な対応をすると医師は家族に訴えられるかもしれません。

緊急の延命処置ではなく、明らかに死を迎えるという状況の時では医師も迷うのは当然かもしれません。患者の命がわずかであるとわかっていながらあえて延命したら、患者は拷問のようになると感じる場合もあります。そういう現場にいることに耐えきれずに、辞める医師も出てきます。「過労死した同僚、先輩も数多く」と女性医師のメールにも書かれていたように、医師たちも苦しんでいるのです。

数年前、医師会の主催された講演に呼ばれてお話をさせていただいたことがあります。私が自然死のことを話す前に、医師の方が、医療のなかで亡くなるということの苦しみについてお話されました。

延命治療が可能になることによって、治療が奏功する勝者と無効な敗者があるかのように、捉えられがちだということです。しかし、そうなると死というものは自然なものではなく、むしろ忌むべきものとなってしまいます。医療関係者の間にもそんな無力感があるというのです。死が不幸と呼ばれたりしてはならない。そう考え、訴える医師もおられるのです。

この10年ほど前から私を呼んでくださる医師会が増え、北海道の羊蹄《ようてい》医師会というところでも講演をさせていただきました（２０１１年）。羊蹄医師会からの依頼書には次のような文言がありました。

「（中略）……これでいいのだろうか？　死が『不幸』と呼ばれるうちは我々の人生は決してしあわせになれない。しかし、死の瞬間にしあわせであれば、その人の人生はしあわせだったと言える、ということを実践する取り組みが生まれ、育ってきている。人生をしあわせにする取り組み、それが住み慣れたわが家での看取りなのである」

その講演で私は「パラダイムシフト」というテーマでお話をしました。これからの多死社会において、「死を不幸にしない」ためには価値観の転換が求められている。そのために看取りによる「命のバトンリレー」が大切、というお話です。

自然死の在宅看取りにおける事例をお話ししている最中、別れた親族を思い出してか、会場内にはすすり泣く声も聞こえました。

質疑応答になり、1人の医師が手を挙げて言われました。

「僕は死が怖い。がんであっても余命の告知はしてほしくない。どうしたら怖くなくなりますか?」

「私も、告知には反対です。誰が命の終わりを告げることができるでしょうか。死を受け入れることはそんなに容易いことではありません。ただ先に逝った方々がお迎えに来た時、本人は死を受け入れて、その時から人は仏になるのです。もう死は怖いものではなく、しあわせに変わるのです。大丈夫です。先生にもその時が来ます」

医師の方が、率直に死が怖いと言ってくださった勇気に、また人前で話してくれた謙虚さに、私は頭を垂れました。

3　人の天使

講演が終わり、ホテルの部屋にもどると、私は机の引き出しに入っていた仏教伝道協会の『仏教聖典』を手にしました。しばらく読んでいると、閻魔《えんま》さまの物語が目に留まった。人間世界において悪事をなし、死んで地獄に落ちてしまった罪人に、閻魔さまが「おまえは人間の世界にいたとき、

3人の天使に会わなかったか」と尋ねる場面でした。

「そのような方には会いません」と答える罪人に、再び閻魔さまが問う。

「それでは、おまえは、年老いて腰を曲げ、杖にすがって、よぼよぼしている人を見なかったか」

「大王よ、そういう老人ならば、いくらでも見ました」

「おまえはその天使に会いながら、自分も老いゆくものであり、急いで善をなさなければならないと思わず、今日の報いを受けるようになった」

1人目の天使は老人だった。続けて閻魔さまは2人目の天使について尋ねた。

「おまえは病にかかり、ひとりで寝起きもできず、見るも哀れに、やつれ果てた人を見なかったか」

「大王よ、そういう病人ならばいくらでも見ました」

「おまえは病人というその天使に会いながら、自分も病まなければならない者であることを思わず、あまりにもおろかだったから、この地獄へ来ることになったのだ」

閻魔さまは2人目の天使が病人であることを告げると最後の質問をした。

「次に、おまえは、おまえの周囲で死んだ人を見なかったか」

「大王よ、死人ならば、私はいくらでも見てまいりました」

「おまえは戒めを告げる天使に会いながら、死を思わず善をなすことを怠って、この報いを受けることになった……」

死にゆく人。これが3人目の天使だと記されていました。

私は介護の世界に入って、幸齢者というたくさんの天使に囲まれていることに気づかされました。ある講演会で1人の若者からこんな質問を受けたことを思い出します。

「この前、祖父の死に顔を見たとき、僕は初めて人間は死ぬんだと思いました。病院の一番近くにいた僕すら祖父の臨終に間に合わず、祖父はたった1人で逝きました。本当に残念です。それでも祖父の死が今までの自分ではない、もう1人の自分を作ってくれたと感謝しています。でも、もし祖父の臨終に間に合ったとしたら、僕に何かできたでしょうか。どうすればよかったのか、教えてください」

臨終にあって送る側が何をするのか。その人をそばでじっと見守りながら、ただひたすら手を握り抱きしめて、感謝の思いを伝えること、それだけです。そして、臨終という尊いときを共有できることに感謝する。この世を旅立つ人は、そばにいる者たちに目には見えない大きな贈り物、生きるエネルギーを手渡そうとしているのだから。このエネルギーを受け取り、また次の世代に手渡す。これこそが、まさに「命のバトンリレー」です。そして人類は命をバトンリレーすることで進化していく……。

講演先で出会った若者は「小さいときからテレビゲームの中では、たくさんの死を見てきたけれど……」と言っていました。ゲームの中の主人公（自分）は死んでも、リセットボタンを押せば何度でも蘇る。しかし、彼の祖父は何度呼びかけても、2度と蘇ることはない。初めて本当の死にふれたとき、彼は「今までの自分が壊れていった」と語っていました。

肉体には限りがあり、自分もまた有限性の中に生きているのだと悟る。この体験こそが看取りであり、私たちを幸せに導くのです。彼は祖父の死をきっかけに、しっかりと大地を踏みしめて生きていくに違いない。そう思うとうれしくなりました。

その若者にとって亡くなった祖父こそ、まさにこの世で最初に出会った天使だったのです。

病院で死ぬしかない現実

話は二十数年も昔のことになりますが、老人ホームの入所者の方で、延命治療を望んでおられなかったのに延命治療をされて、無念のうちに亡くなられた方がいました。

私は当時、福岡の有料老人ホームで仕事をしていました。ホテルのような建物と豪華なお食事やさしい笑顔があり、わが家を手放して入所される方がたくさんいました。そのお一人が、94歳の弁護士さんでした。

「柴田君、私はここで死ぬ。延命治療も病院も、もうたくさん。頼むよ」といつも言っておられました。しかし、ある日呼吸が苦しくなって病院に運ばれ、ホームに帰りたいと訴えながらも、次第に身体には多くの管がつながれ、最期は病院でひっそりと息を引き取られました。私にはその経緯は、胸をえぐられるようなつらいものでしたが、１人のヘルパーという立場では、どうすることもできない現実がありました。

その体験も動機の１つとなり、私はその後、医療のない離島に行こうと決めたのです。島に移ってから私は、人間に与えられた自然治癒力を信じ、神仏に委ねて生きる方々のおおらかさに出会い、価値観が根底から大きく変えられたのです。

ただ私はこれまでに自分のがんの手術を経験しましたし、治療を受けているので、医療というものを否定しているわけではありません。しかし、もし死を受け入れなければならない時がきたら受け入れて、闘うことを止め、自然治癒力に委ねます。それが人間らしさではないかと思っています。

私の知り合いのお父さんは、病院で亡くなりました。生前は１２０歳まで生きると言ってとても元気でしたので、延命治療の是非など十分話し合わないまま時が過ぎていました。ところが、88歳になって間もなく急にしゃべることもできず、食べることもできなくなり、入院せざるを得なくなったのです。

入院しても最初は流動食を口から飲んでいたのですが、やがて口から入らなくなり点滴を始めます。２カ月くらい経つと体重は38キロにまで減り、血管が細く硬くなり点滴もできない状態になってしまいました。まだ口をかすかに動かしたりして意思表示はできます。そこで、胃ろうをするかどうかを尋ねたところ、それはもうしたくないとのことでしたので、息子さんと医師が話し合って鎖骨の上に針をさして点滴をすることにしました。まだ、意識もあり意思表示もできる状態ですから、家族としては、点滴を止めるという決断ができません。

しかし、お父さんは病院のベッドに寝たきりで、点滴の管につながれているのが苦しく、管を外そうとします。それで仕方なく手をベッドに縛って管を外さないようにしてしまいました。お父さんは、息子さんに「家に帰りたい」とかすかに動く口で声を必死に出しながら訴え続けました。

しかし、自宅では年老いて認知症の症状の出てきたお母さんがおり、息子さんも仕事を抱えているので、とても介護できる状態ではありません。

「父は病院で亡くなったけれど、最期の時にはずっとそばで見送ることができたのが、せめてもの慰めだった」と息子さんは言います。

ほとんどの方が、このような最期を迎えられているのが、現実だと思いますし、それが当然の社会になっています。

少しでも生きていてほしいという願いと、どんなに治療をしても人は死ぬものであり、その時期が来ているのだから安らかに送ってあげたいという葛藤の中で、できあがっているレールに乗って病院での死を受け入れざるを得ないのが日本の現状です。

地域包括医療の中で悩むプロたち

最期の看取りの問題で悩んでいるのはもちろん医師や看護師だけではなく、地域包括医療ケアに携わるケアマネージャー、介護士や理学療法士など、たくさんおられます。

東京で訪問看護ステーションを営まれている柴田堅太さんは、「悩めるプロ」の多いことに驚いています。

２０１７年の「看取り士養成講座イン・カナダ」のあと、看取り士になった20人に原稿を書いていただき、『マザーテレサ　夢の祈り』（あうん社）という本を出版しました。その執筆者のひとりとして柴田堅太さんは「驚くほど多い悩めるプロ」と題して次のように書かれています。


私が看取り士になろうと思った理由は、訪問看護ステーションを開設するにあたり、常に生命の現場に立ち合う看護職に少しでも寄り添おう思ったことにある。

「医療・介護の現場の方々の多くは、幾度となく人の旅立ちに向き合い、そのご家族にも多く接し、頼られるなかで、豊かな経験に裏付けられ逞しく仕事をこなしている(はずだ)。だから自分もその事業の経営に携わる以上、自らに学びを課し、看護の職務に思いを寄り添わせなければならない。看護師スタッフの皆さんに少しでも足並みが揃うよう、自分なりに頑張ろう。看取り士養成講座に申し込む際には、そんなことを考えていた。

ところが実際、看取りの学びの場に参座させていただくと、参加者の中には看護師、介護福祉士、ケアマネジャーほか、医療・福祉の専門職が多くいらっしゃった。驚くほど多かった。私の率直な反応は『あれ？』であった。

ここは、私のような死についてよく解らない素人のための学びの場ではないのか？　今にして思えば自らの不勉強が恥ずかしい。死の局面でも常に頼もしい存在だと私が勝手に思い込んでいた現場のプロの中には、その職種ゆえに深く悩んでいる方がたくさんいらっしゃったのだ。そしてその悩みの種類も様々……。

苦しい胸のうちをお話になる参加者の方々には、各々の職場において患者様が亡くなる前後から死後の処置までが首尾よく執り行われていくなか、大切な命の交流が直視されていないような空間で、組織の一員として仕事をこなしながらも悩み苦しんでいると語る方もいた。あるいは、ご自分の近しい人がこれから旅立とうという際で、支える立場としていまだ心の準備ができていないという苦しみを訴える方もいた。『胎内体感』の「分かち合い」の場では、そんな参加者の多くが堰を切ったように涙される姿が多くあり、私自身がとても衝撃を覚えた。

死の現場を多く経験している立場の人でさえ、これだけ苦しんでいる。さらにはご自分のこととなると普段のプロフェッショナリズムはいずこ、素人同然の方もいる……当然である。大切な人のことなのだから。

医療の現場で看護師として働いた西河美智子さんは、『マザーテレサ　夢の祈り』に次のように書いています。


私が看取りの必要性を感じたのは、今から13年ほど前のことである。

医療を取り巻く環境は、目まぐるしく変化し、高度な最先端医療から超高齢社会での医療のあり方まで細部にわたるケアが求められている。その中で病院も生き残るための経営を考える時代となった。急性期の病院では、経営のため3カ月を目途に退院先を探さなければいけなくなった。そんな折、3カ月を過ぎても自宅に帰れない患者様を受け入れる病棟ができ、配属となった。

転院してこられる患者様で自宅に帰る方は、数えられるほど少ない。多くの方が最期まで病院に入院され看取りとなった。

ほとんどの方が自宅に帰れない。その現実の中で看護師として無力感を抱いていた頃、ある若い患者様と出会った。食事は胃ろうから、呼吸は喉の気管を切開したところから、痰が多く在宅での生活は困難だった。

「おいしいもの食べて思い切り走ったりしたいね」

「本当は、ここに居たくないよね」

彼の目から、大粒の涙が流れた。

ずっと、家に帰りたいと願いながら何度も希望を持ち、何度も何度もあきらめて、彼は今、一生懸命生きている。会話はできないけれど、本当は全てわかっていて、全て受け入れて今を生きておられる。私は誰のために看護をしていたのか。この方の思いを大切にしたい。2人でひとしきり泣きました。この方がここに来て良かった、この人に会えて良かった、生きていて良かったと、たとえ一瞬でも思ってもらわなければ看護している意味がないと思えた。これからなすべき事を教えていただいた出会いだった。


ここではお2人のプロ、柴田堅太さんと西河美智子さんの声を紹介しましたが、看取り士になるプロの方たちは医療現場の現実に大なり小なり悩みながら、「この国」のパラダイムシフトを求めて日本看取り士会に入られる方ばかりです。

延命治療と勇気の決意

離島で看取りの家「なごみの里」を開設してから9年後に米子市内へ移り、米子市から岡山市に移って5年ほどが経ちます。

私が離島で看取った方の中では、延命治療をされた具体的な例は見てはいませんが、島から本土に来て驚いたのは、じつに多くの人が医療に依存しているということでした。

皆さん、自分の命なのに、病院が何とかしてくれると思っているのです。決して病院で死なせてはくれないのです。

病院は死なせてくれるところではありません。むしろ逆です。死ぬというのは、暮らしの中で自然に死ぬということだと私は思っています。そして、自然に家族が、近くの人が見送る文化を復活させたいと思っています。

そうしていくためには、自分の命が最期になったらどうしてほしいかを、あらかじめ周りの人に伝えておくことが大切です。末期にならなくても、人は言葉を使えなくなる時があります。若くてもそういう時は訪れるので、家族にいざという時の自分の意向を話しておくことは、必要だと思います。

それは自分が介護される場合ですが、一方で、介護する家族の側には、また難しい問題がありま す。1分でも長く生きてほしいと思うのは、当然ですが、それは家族のエゴかもしれないと私は思うのです。

私の母が亡くなったのは2002年、離島で「なごみの里」を開設した時でした。

母は以前に自然死を希望すると言っていましたから延命治療はしませんでした。しかし、あの時、私の気持ちは揺れていました。最期の14日間は母と一緒にいて、少しでも長く生きてほしいと思っていましたから、家族の方が延命治療を希望するという気持ちはよくわかります。ですから、延命治療をしない決断をするには、勇気が必要なのです。

私の場合は、母との約束があったからでした。母は、しっかり生きてきたので「お疲れさん」と言って見送ろう、そういう気持ちでした。

その決断は、死を受け入れることですから、勇気のいることです。そういう場面で多くの人は、延命しないという決断が、あたかも殺人ではないかと迷うのです。

言い換えれば、命の責任を誰も取ろうとしないということです。たとえば、自分の最期のことを医師に「お任せします」と言う方がおられますが、どうして自分の命を任せてしまうのでしょうか?

朝ご飯に何を食べるか、自分で考えて希望するのに、最期の死ぬという重大な場面で「お任せします」で本当によいのでしょうか。

最期は自宅でと、多くの方が希望します。しかし、現実にはそれはできていません。たとえば単身のいわゆる「おひとり様」だったら、担当のケアマネジャーさんなどが、病院や施設へ手配するというルートになっています。

しかし、東京都は違っていて厳しくなっています。病床が足りないため、おひとり様でも、在宅で亡くなるように指導しています。制度の上では施設での最期を減らしているけれど、現状は一人孤独で旅立つ人が多いのです。

地方では東京などとは違い壁になるのは、制度よりもむしろ家族です。それぞれの家族の歴史というものもあります。家族仲の問題もあります。夫や妻や子供など、看取る側が「いいよ」と言えるかどうかです。

最後にノーと言われたりもします。それは必ずしも仲が悪いためではなく、介護する側が、いざという時に「事故があったらどうしよう」とためらってしまうのです。

死ぬことが決まっているのに「死んだらどうしよう？」という話です。たとえば、ある奥さんは、最期は家に帰りたいと望んでいて「この流動食が食べられるようになったら、帰っていいよ」と病院で言われたので、頑張って食べるように努めました。しかし、肝心の夫が家に連れて帰るのは怖いと言って、奥さんは結局、病院で亡くなられました。

怖いというより、つまりは人の命を引き受けられない家族が多いということだと思います。漠然と誰かが何とかしてくれるだろうと期待して、家族の命も誰かにお任せしたい、ということです。お医者さんにお任せしたいし、自分が責任を取りたくないということです。

人生の一番の苦しみは「死なせてもらえないこと」

私は医療従事者ではありませんので、医療に関する専門知識はありません。しかし、延命治療には多くの疑問を感じています。まず、延命治療をする人は、治療をするとどうなるかを知らないでしている、という場合が多いようです。

たとえば、胃ろうという延命治療があります。胃ろうとは、口などから食物・水分の補給が困難な場合、胃壁と腹壁に穴を開けてチューブを取り付け、外から直接胃に栄養剤などを注入する治療法のことです。胃ろうは鼻孔から管を通して栄養を入れるより苦痛を伴わないので、栄養補給の操作は簡単です。

意識のない患者さんが口から物を食べるのは困難ですし、誤嚥《ごえん》の予防のために胃ろうは便利だと思われがちです。

しかし、胃ろうをしても補給した栄養剤などが逆流して食道から気管に入ってしまうこともあります。最悪の場合は、誤嚥による嚥下性《えんげせい》肺炎で死亡することもあります。そのようなメリットとデメリットを医師はしっかりと説明すべきですし、家族はちゃんと聞いて判断すべきです。何よりも、元気なうちにそのことを家族で話し合ってほしいと思います。

私の娘も、私がいざという時には延命治療をすると言うのです。このテーマでこんなに活動している私なのに、娘はそう言うのです。娘もそれは自分のエゴだとわかっている、と言います。「だって、死んでほしくないもの」と言います。それで私は、エンディングノート（巻末を参照）を見せながら娘を説得しています。

延命治療というのは本人が望むならいいけれど、確認しないで延命治療をしたら拷問になりかねません。三浦綾子さんが本のなかで、人生の一番の苦しみは逆縁（子供が親より先に亡くなる）ではなく、死なせてもらえないことだと書いていました。

私はなるほどと、現場を見てきただけに共感します。本人が点滴を抜いてしまうからといって、ベッドにくくりつけられるとしたら、それは拷問ではありませんか。

延命治療の結果どうなるかということを、もう少し具体的に書いてみます。たとえば、「なごみの里」におられた方が、食事が摂れなくなって入院したことがありました。お医者さんは「胃ろうを希望しますか？」と本人に聞かれて、実際に胃ろうしている患者さんを見せました。

「このように、あなたは口からは食べられなくなるし、あなたの意識は混濁してきます」と話されました。その医師は、私と一緒に講演するくらいの方で、そんな説明をする医師は実際のところ少ないのです。

するとと、車いすで現場を見せられたご本人は「自分はこんな状態では、生きていたくはない」と答えました。その意思表明を、ご本人の息子さんも、医師も私もそばで聞いていました。

ところがその後、息子さんはご本人のいないところで何と、「母に胃ろうをお願いします」と医師に言ったのです。これは息子さんのお母さんに生きてほしいという思いであり、ある意味で愛の深さでしょう。それが息子さんの思いだったのかもしれませんが、ここで死を見たくないというエゴだったかもしれません。医師も、私も、そしてきっと息子さんも、つらかったのです。息子さんとしては勇気がいったであろうけれど、ともかく胃ろうを望みました。

医師としては困りました。本人がきっぱりと断っているので困惑します。結果的にこのケースでは、しばらくしてご本人であるお母さんが回復したため、胃ろうの必要はありませんでした。しかし、それくらい、家族というのは胃ろうを希望するものなのです。

孫の顔を見てから亡くなったおばあちゃん

第3章でも少し書きましたが、パーキンソン病で長いこと闘病され、写真集を出された木佐聡希さんという女性がいました。「なごみの里」にお住まいでした。

40歳の時に発病し、それからカメラと出合い、16年間で1万枚もの花の写真を撮り続けました。また、10年間にわたって花の写真のカレンダーを発行し、たくさんの方との絆を結んでいました。

しかしその後、木佐さんは肺炎を患い、口から食事を摂ることができず、本人の納得の上に胃ろうを選択しました。彼女は食べることが唯一の楽しみで、「なごみの里」にいる間もほとんど起きている間中、ゼリー状の食事を楽しんでいるような人でした。

そんな彼女が、退院を2日後にしたその日、通りがかりの医師に「先生、私は退院した後、食べていいですか？」と聞くと、医師は彼女に「ダメです！」と、それだけ告げて足早に立ち去って行きました。

その光景を見たスタッフは驚きましたが、医師の言葉に返すことはできません。そして退院を前に、木佐さんの容体が急変して59歳の人生を閉じたのです。

私はその経緯を聞きながら、たとえ胃ろうという処置をしていたとしても、ほんの一粒の砂糖を彼女に差し出せば、彼女は希望を手にしていたのに、と思うと残念でなりませんでした。

在宅で平穏に死ぬためには、胃ろうはしないほうがよいという流れがあることは確かです。しかし、時と場合によっては胃ろうが悪いとは言い切れません。こんな例もあるからです。

美香さんは両親がおらず、夫とおばあちゃんと同居していました。ちょうど初めての子供を授かって出産直前の時、おばあちゃんの容体が悪くなり、食事が食べられなくなってしまいました。

美香さんは私の講演も聞き、私の考え方に賛同している方なので、おばあちゃんを自宅で看取る覚悟でいました。その時、おばあちゃんにどうしたいのかを聞いたところ、おばあちゃんは「初孫の顔を見るまでは死ねない」と言うのです。そのためには胃ろうをするしかありません。おばあちゃんと美香さんは胃ろうを選択しました。

そうして美香さんは無事出産し、おばあちゃんは孫の顔を見ることができたのです。私がお宅を訪問した時は、ベビーベッドと介護用ベッドが同じ部屋に置いてあり、おばあちゃんと赤ちゃんが隣同士で一緒に寝ていました。

見方によっては、赤ちゃんを死を間近にした老人と隣り合わせで寝かせるなんて、何と危険だろうと思ってしまいますが、私はその場面を見てなんと美しいのだろうと感動しました。美香さんがおばあちゃんに対して献身的にお世話をしてきた姿を知っているからです。

その後、おばあちゃんは栄養剤が逆流して胃ろうも難しくなり、点滴を数日していました。美香さんはその数日、おばあちゃんのベッドで一緒に横になって、呼吸を合わせて見送ったのです。

初孫を見たいというおばあちゃんの願いを叶え、安らかに看取った美香さんに私は言葉もなく頭《こうべ》を垂れるだけでした。

◆第5章

尊厳ある死を守るためには、わがままでいい

〝逆縁〟をエゴと思わない若者の死生観

十分長生きさせてもらったと思う幸齢者は、いつ死んでも悔いはないと、死ぬことを恐れていません。その点、若い人たちは将来への希望や不安と共に、「死」に対する漠然とした恐怖は強く持っていると思います。死のことを考えたくないと言う若者の多さに驚きます。

もう10年ほど昔のことですが、鳥取県の私たちの活動拠点近くの高校で講話させてもらったことがあります。話のあとで、ごく普通の高校生、現代風という感じの女子校生が手を挙げてこう言いました。

「私は、おじいちゃんのように苦しんで死ぬのはいやだから、父と母が生きているうちに死のうと思っていました。でも、柴田さんの話を聞いて、安らかに死ぬことができる道があるなら長生きしてもいいかなと思うようになりました」

彼女の考えは決して特別なものではありません。社会学者の上野千鶴子さんにこの件を話したら、これを読んでごらんなさいと言って『上野先生、勝手に死なれちゃ困ります』（光文社新書）という本を紹介されました。

この本の共著者の古市憲寿さんは、上野先生の教え子の社会学者ですが、その当時の年齢は20代でした。この本の中で彼は「親より先に死んだらいけないっていう規範よりは、親に先に死んでほしくないっていう気持ちのほうが強いかな」と述べています。そういうことを堂々と言っているということに正直なところ驚きました。親が苦しんでいるのを見たくないから自分が先に死にたいなんて、少なくとも私たちの世代では考えられません。しかしショックというより、こういう考えの若者が増えているのだと、納得するしかありません。

逆縁（子供が親より先に亡くなる）というものが一番つらいことだと、私は思ってきましたが、若い人たちは逆に、自分の立場（エゴ）から見て自分の幸せを考えるのでしょうか。子供を看取らないといけない親の悲しみをなぜ考えられないのでしょうか。

しかし今の若者たちに、苦しみながら管につながれて病院で死ぬ姿を見せているのは現在の私たちです。私たちはもっとこの現実を見ないといけないと思うのです。我々の年代が、このような社会を作って、若者をそのような死生観に導いてきたということを……。

日本の医療教育の現場でも、「患者を死なせてはならない」「死は敗北」と考え、「死」に対する哲学、死生観というものを教えていないのです。

だから医師は病床にいる人を生かすために、ありとあらゆる手を尽くします。延命治療をするのも、医療者には医療者の正義があり、皆、その〝正義〟の中で、できる限りの判断をしているのです。病院は生きるための施設であって、死に方を教えてくれる場所でも、死とは何かを教えてくれる場所でもありません。

尊厳死とは？　安楽死とは？　その違いや定義は微妙で、国によって法律も違いますから簡単には論じられません。ここではその問題は横に置きますが、「死は敗北」という考え方は「生の敗北」にもつながるのではないでしょうか。

しかし最近は医師のなかにも「患者の尊厳」を重視する方も多くなり、多死社会の到来が迫る中、厚生労働省も「患者の尊厳」についてはようやく指針を変えざるをえませんでした。

「できるだけ長く自宅や介護施設などで療養を続けた上で、最期は本人が希望する場所で亡くなることを推進する」

このように、２０１８年に指針の改定がなされました。その背景には、医療費高騰に歯止めをかけたいという国の思惑もありますが、とにかく患者の尊厳を尊重する方向に国が舵を取る時代になったことは私たちにおいては大きな喜びです。

多死社会・超ソロ社会に備えて

２０４０年は日本の多死社会のピークを迎えます。そしてこの年には47万人もの「死に場所難民」

が出ると、厚生労働省が発表したのは、２０１９年の春のことでした。しかもその頃は「おひとり様」が増える超ソロ社会にもなり、最も深刻な打撃を受けるのは、団塊ジュニア世代（１９７１年から74年までに生まれた世代）です。

団塊ジュニア世代は５人に１人が未婚のままです。就職を迎える時期にバブル経済が崩壊し、就職氷河期に遭遇してしまい、希望する職に就くことができなかった人が圧倒的に多い世代です。10年以上にわたり安定した雇用に就けなかったことが、団塊ジュニアの未婚率を高め子供を産めなかった大きな要因とも言われています。

「失われた世代」と呼ばれた団塊ジュニア世代も50歳が近づき、親の介護だけでなく、その先には自分の老後問題が待っています。生涯受け取る年金額も減らされて、最後でかつ最大の問題は自らの介護です。病気になったら、認知症になったらどうしよう、確かな死生観もなく、死んだら自分はどこにいくのかといった不安を抱えて老後を過ごすのでしょうか……？

現代医療では相変わらず「死は敗北」という考え方が支配的なため、多くの医師は矛盾を感じながらも延命治療をほどこします。もちろん本人やご家族の了解の上でのことですが、もし、ご家族があなたの延命を望んだらどうしますか？　あるいはあなたの家族の延命治療は？　また自分自身のことだったら、どうしてほしいですか？

最期は自宅で静かに過ごし、望むように旅立ちたいと言う方は多いけれど、実際は大半の方が病院でさびしく亡くなるのが現状です……。しかしこれからは病院や施設にも入れずに、人知れず孤独死する人も増えることが予測されます。

そんな多死社会や超ソロ社会が確実視されているだけに、日本看取り士会としてもその対応をいろいろと考えていますが、その一つとしては、全国各地に看取り士とエンゼルチーム（ボランティアチーム）を増やして、地域包括ケア（医療・介護など）のチームとも緊密な連携をとっていくことです。

それから私は企業社会にも「看取り文化」を広めていきたいと願い、働く方の労働組合の講演会ではこんなお話をさせていただきます。

――今、どちらかといえば、死を怖れているのは男性かもしれません。経済社会でお忙しくなさっている方ほど、そこに目を向けないようにされています。

「忌引《きび》き」といって、亡くなった後の休暇はありますが、「看取り休暇」というのはありません。そこで働く労働者たちに看取り休暇を定めてほしいと思い、その運動をしています。いちばん大事なのは、亡くなってからの儀式ではなく、亡くなる前の看取りの豊かな時間だと思うからです。

それを取り戻すことで日本の未来が変わっていきます。しかもそれを社会の先頭に立って働いていらっしゃる男性のみなさんの手でされることによって、日本の社会そのものが変わってきます。それは大きなきっかけになるでしょう。

今までの死は、魂の存在をどこかに追いやり、体だけを診る医療の中にありました。でも、魂の存在はWHOでもすでに認められていることなんです。魂の存在を認めて、その上でその魂をしっかり受け取るということをするときが来ているという気がします。

死は再び胎内に戻ることだと私は思っています。女性が胎内から命を産むなら、男性がその命を胎内に戻すことをしてほしいのです。女性は出産によって魂の覚醒をしますが、男性にはそのチャンスがありません。男性に魂の覚醒をしてほしいというのが私の切なる願いです。女性と同じように体で受け止めることで魂は覚醒するでしょう……。

残念ながら今のところ男性の看取り士は1割ほどですが、私の講演を聞いてくださった中から看取り士になる方も徐々に増えつつあります。

看取り士になる・ならないはともかく、家族やご自分の老後に不安を感じているということだけでも、日本看取り士会に事前にご連絡くだされば、ご要望を伺うことができますし、何か寂しいときに声を一言聞きたいということでも構いません。エンゼルチームも派遣させていただいているので、ぜひ「助けて！」の声を上げてほしいと思います。また、旅立つ人も、見送る人も悔いを残さない生き方を貫ける人になってほしいと願っています。

本人の希望や意志を最優先する

看取り士の大事な役割は、最期の尊厳を守ることだと私は信じていますし、時には家族の反対を押し切ってでもその役割を全うしたいと思います。そのために私は、家族からお香典を投げつけられたことがありました。

高嶋よしさんはパーキンソン病でした。よしさんは娘の貴美子さんとお孫さん2人とともに島で暮らしていました。よしさんはパーキンソン病のために、満足に喋ることもできず、いっしょにご飯も食べられない状態でした。

よしさんも貴美子さんも、よしさんの夫が病院で苦しむ姿を、7年間も見てきたこともあって、私の噂を聞いたお2人は、「なごみの里」で自然死を希望されました。

「なごみの里」が海のそばだったのを非常に喜んで、貴美子さんもお孫さんもよく訪ねて来られました。よしさんはなかなか食事がのどを通らないので、2時間かけてゆっくりと流動食を食べる状態です。

診療所の医師は本土に行って胃ろうをすることを勧めましたが、よしさんも貴美子さんもそれは拒否しました。しかし、パーキンソン病が進み体は思うようにならず、しゃべることもできない状態でした。最期がそう遠くない状態だと判断し、私はよしさんと貴美子さん、お孫さんも交えて毎日打ち合わせを重ねました。

胃ろうは本当にしなくていいのか、診療所には点滴もあるので望まれれば点滴はできることなど、逐一状況を話しました。「なごみの里」で自然死で見送りたいという覚悟は変わりませんでした。

ある日、いつものようによしさんに2時間かけて流動食を食べてもらっていたところ、よしさんの呼吸が急に苦しくなってきました。私はいつもしているように、よしさんを抱きしめました。すると、顔が青くなり、チアノーゼ状態（皮膚や粘膜が酸素不足で青くなる）になってきたので、もう時間がないと感じました。

それで、よしさんの耳元で「ここでいいですか？」と本人に聞きました。すると10日間口をきけない状態だったよしさんか、「病院に行きたい」とはっきり言われたのです。周りにいたスタッフもその言葉を聞き、みんな一様に驚きました。これまで何度も確認をしてきたのですが、一度も病院に行きたいと言ったことがなかったからです。

しかし、本人の希望を優先しなくてはいけません。たとえ、ご家族は反対でも、本人の意志の通りにするのが人として最も大切な尊厳を守ることです。それで、私は「すぐに手配しなさい」と言い、救急車を呼びました。よしさんを救急車で港に運んで、今度は救急艇に乗せ、隣の島に着いたら、再び救急車に乗せて病院に到着です。

同時に貴美子さんとお孫さんにも連絡して、何とか救急車にいっしょに乗ることができました。病院に着いてから、よしさんは呼吸困難のために気管切開をし、胃ろうをつけて1カ月間は延命することができましたが、その後亡くなられました。

しかし、自然死を望まれていた貴美子さんとお孫さんは納得がいきません。10日間も話すことができなかったよしさんが、突然「病院に行きたい」と言うものだろうか？　という疑問も残ります。「病院に行きたいとはっきり聞いたのでそうしました」と説明しても、私に対する不信は募っていきました。

しかし、私は本人の希望を叶えたのです。後悔はありません。

葬儀の後、講演の旅から戻り、すぐに私は香典を持って伺いましたが、貴美子さんは「あなたの香典なんか受け取らない。病院に運んだのだから」と言います。

「いや、それはご本人の希望だったのです。この耳で聞いたのです」と説明をしました。そして、もう一度香典を渡すと、それを受け取って私に投げつけました。

「ごめんなさい、申し訳ありません」と、私は頭を下げて帰るしかありませんでした。

その後、その噂はすぐに島中に広まりました。

「柴田は抱いて看取ると言っているが、最期は病院に運ぶ。いざとなったらやっぱり怖かったんだ」と……。

スタッフが買い物に行くと商店で「おまえも柴田といっしょにいると同じに見られるから、あそこは辞めな」と、言われるのです。

スタッフは「柴田さん、島の皆さんに弁明してください。私たちがつらいです。おばあちゃんが病院に行きたいと言ったのは、私たちもはっきりと聞いています。10日ぶりに話をしたので皆驚きました。だから救急車を呼んだのに、何でその話をしないのですか」と言います。

しかし、私は弁明しませんでした。島中にその噂が広まったせいで、つらくていたたまれなくなって辞めるスタッフも出てきました。しかし、私が弁明することで、また、ご家族を傷つけることになってしまうのです。そんなことをしても意味はありません。

「私の名誉を守ることが大切なことなの？　そんなことはどうでもいいことよ。見ている人はちゃんと見ているし、わかる人はわかるのだから」とスタッフに言いました。

困難に直面すると、私はいつも海を眺めます。空には鳥が舞い、海の中では魚が光り、海草が揺れています。風がささやき、波間が太陽の光を受けて輝きます。そうやって佇んでいると、困難だと思っていたことも小さなことで、どうでもよく思えてきます。

皆さんに真心を尽くしていくことで、きっとわかってもらえるのだと、光る海が教えてくれるような気がします。

人の心は変わるものです。変わっていいのです。でも、最期の場面はやり直しがききません。私たちがどんなに振り回されたって、旅立つ人の希望を叶えてあげることが大切です。

何時間もかけて魂のエネルギーを放出する

敬愛するマザー・テレサの夢を追いかけて、全ての人が最期に愛されていると感じて旅立てる社会を創りたいと、「看取り士」を名乗って活動を続けているわけですが、私の中で大きな気づきとなった看取りがいくつかあります。

その1つが、34人目に看取った福田敏夫さん（享年74歳）です。生涯独身で縁者の方は日頃から受け入れていらっしゃらない方でした。周りからは、「わがままなおじいさん」と、変人扱いをされていました。

ところが、看取りのとき、私はいつもするように敏夫さんの体を抱きかかえていて、それまで感じたことのない感覚を体験したのです。

敏夫さんの体が熱いどころではなく「ものすごく熱かった」のです。抱いているとこちらまで汗をびっしょりかくほどで、最初はとても驚いたのですが、やがて、「これは敏夫さんから発せられる魂のエネルギーなんだ。敏夫さんのエネルギーは普通の人よりもすごく大きいんだ」ということに気づきました。

この「魂のエネルギー」というのは、その人が持って生まれた魂の大きさに、一生をかけて蓄えていく愛のエネルギーのことをいいます。

体にふれていると、言葉や見た目だけでは感じることのできないものを感じ取れます。このときも、敏夫さんから発せられるエネルギーを感じていました。ところが、そのエネルギーの量というか、パワーというか、敏夫さんのものは、これまでに経験したこともないほど大きくて熱いものだったのです。おそらく、敏夫さんの魂は、とても大きなもので、その大きさは器である肉体がコントロールすることが難しいほどだったのではないかと、私は推測しています。

もしかしたら、魂のパワーがものすごく強い人は、肉体という器の大きさに収まり切らないのかもしれません。それが人間として形成されたときに、「わがまま」だとか「偏屈」だとか「変人」と呼ばれることになってしまうのかもしれません。たとえるならば、肉体が、強大な魂を乗りこなせないというか……。しかし、強い魂からは学べることがあります。

私は、敏夫さんから発せられるものすごい量のエネルギーに圧倒されながら、「ああ、人は社会のルールに反してさえいなければ、自分らしくわがままに生きていいんだ。むしろ、自分の心が喜ぶ生き方をすることが大切なんだ」と感じたのです。

普通は、亡くなられたら、手や頬から徐々に冷たくなっていくものなのですが、敏夫さんの場合は違いました。敏夫さんは息を引き取ってからも、いつまでもいつまでも体が熱いままでした。あまりに熱かったので、結局、死後7時間以上も抱き続けていました。長い間熱くて離せなかったのです。

「人は旅立つ時に、50メートルプールの529杯分の水が一瞬にして蒸発するほどのエネルギーを放出する」

瀬戸内寂聴さんはそのようなことを言われていました。信じる信じないはさておき、敏夫さんから発せられた魂のエネルギーはまさにこれだったと、私はそのとき直感したのでした。

そしてこの体験で、私は、初めて看取りの意味がはっきりとわかりました。人は息を引き取ってから何時間もかけて「魂のエネルギーを放出していく」ということです。今では私たち看取り士が当たり前のように行っていることですが、それまでの看取りは、お亡くなりになって30分から長くて1時間。何時間も抱き続けているわけではありませんでした。

でも、敏夫さんを7時間抱きしめて、私はこのとき初めて、自分がそれまで何も理解していなかったことに気づきました。それまでは息を引き取るまでが看取りだと勘違いしていたのですが、息を引き取った後も抱き続けることが重要だと教えていただきました。〝ご臨終前だけ〟ではなく、その前後を通してこそ、魂のバトンリレーが完結するのです。

「私は何も知らないで看取っていた。看取り士だなんて言っておきながら、これまで見送ってきた方々に、本当に申し訳なかった……」

ご縁のあった方々に心の中でお詫びしました。敏夫さんに自分の不甲斐なさ、未熟さを思い知らされました。

敏夫さんの魂は、「自分がいやなことはしなくていい」「無理はしなくていい」、そして「喜びを感じられる生き方をしよう。それこそが魂を磨く道だ」という、とても大切なことも教えてくださいました。

このように教えていただいた私は、自分を大切にして、ありのままの自分を認め、喜びが感じられる生き方を選択して日々を過ごしたいと切に思うのです。それこそが、私たちがこの世に生まれ落ち、この人生を全うするための人間本来の生き方なのではないでしょうか。

看取りは〝許し〟を生む

看取りは、親子間の確執にも大きな和解をもたらしてくれます。映画『みとりし』でもそれらしいシーンを撮っていますが、私が体験した最初のケースは、10年間絶縁状態だった母娘でした。

夏海さん（30代）から、１本の電話を受け取りました。

「母の検査の結果がステージ４の末期の肝臓がんでした。肺にも転移があり、治療の方法はなく、あとは緩和ケアということになりました。早くて年内、長くても1年はもたないということです。よろしくお願いします」という内容でした。

この母娘は、母親の祐子さん（60代）の病気が発覚するまで、10年間ほとんど絶縁状態だったそうです。夏海さんが20代のときに家を飛び出して、それっきり連絡を絶っていたのですが、祐子さんから余命宣告をされたとの連絡を受けて以来、夏海さんは、祐子さんの元に通うようになったのです。そのとき、祐子さんは夏海さんに、「私は家で死にたい」と話されました。

10年間のブランクがあっただけに最初のころ、2人の関係はぎこちなく、夏海さんは祐子さんにふれることをためらっていたようでした。

私が、退院して独居生活をされていた祐子さんの自宅を訪ねると、家の中に介護ベッドを入れて、夏海さんが泊まりながらお世話をされていました。窓の外は雨でしたが、お部屋の中には明るい空気が流れていました。

長く病院勤務をされていた祐子さんは、「私は病院で死にたくないの。まるでモノのように扱われ、順番待ちをしてお風呂に入る。決められた時間に起き、みんなと同じ入院着を着て、みんなと同じ食事を摂る暮らし、そして最後は管につながれる。そうした方をたくさん見送りながら、自分はもっと人間らしく最期を終えたいと願っていた。柴田さん、私は最期まで自宅で生きたい。私のわがままを聞いてくれる娘には手を合わせています」と、笑顔で話していました。

一方の夏海さんは、「まるで第二の子育てをしているみたい。看取りの準備をしながら、何かを孕んでいる妊娠期間のように感じるんです」と言います。何が生まれるのかと考えていたら、それは母親の祐子さんに対しての〝許し〟であり、同時にまた母親を長年許せなかった自分自身に対する〝許し〟だというのです。

２人の距離が縮まったのには、ちょっとしたきっかけがありました。肝臓がんは皮膚にかゆみが出ます。そのため、軟膏を全身に塗るのですが、毎日、夏海さんが塗ってあげていました。来る日も来る日も祐子さんの肌にふれているうちに、夏海さんの中にあったわだかまりのようなものが溶けていったようなのです。

母を拒絶していたものの、肌にふれて、軟膏を祐子さんの肌に塗りこむほどに、わだかまりは溶けてゆき、どんどん母親がいとおしくなってきた夏海さん。祐子さんにも、夏海さんのそういう感情が伝わったようで、互いにどんどん丸くなられたのです。

最後は、「少しでも楽しく笑える時間を過ごさせてあげたいと思っています」と、夏海さんは笑顔で話しておられました。病気になる直前まで10年間も絶縁状態だったとは思えないほど仲睦まじく、お２人の顔は美しく、穏やかに輝いていました。

もう１つのケースを紹介します。

秋江さん（享年100歳）は、息子さん（74歳）から絶縁を言い渡されていました。秋江さんのご主人――息子さんにとっては父親ですが――が危篤になったとき、秋江さんは息子さんを呼ばなかったのです。

秋江さんは大変品のある女性でした。まだ若く、世間知らずの私に、水を大切に使うことを教えてくれたのも秋江さんです。よく、「上品に生きなさい。上品に生きるとは、美しさをいつも自分に問うことですよ」と諭してくれました。お布団の中で、小学校時代の教科書を毎日、丹念に読んでいました。

一方で、過去にお子さんやお孫さんを亡くされ、つらい思いもたくさんされている方でした。秋江さんのご主人が亡くなったとき、息子さんは33歳でした。働き盛りの息子さんのために、秋江さんは息子さんを呼ばなかったのです。しかし、息子さんは違いました。

「僕は父親を看取りたかったのに、母は僕を呼ばなかった。だから、僕は母のことを看取りません」

と言うのです。

何十年も絶縁状態だった秋江さんと息子さん。しかし、秋江さんもやがて年老いて介護の手が必要となります。「なごみの里」にもしばらくはいたのですが、秋江さんが「死ぬのは我がとこ（自宅）だな」と言われたため、ご自宅に帰すことにしました。その前から食事はほとんど手をつけていなかったのですが、秋江さんは気丈でした。一言もつらいとか痛いと弱音を吐くことなく、「我がとこにいるって夢のようだ」と、少女のようにあどけない表情でほほ笑み、点滴を受けることもありませんでした。

秋江さんは母屋、息子さんは別棟に住んでいましたが、絶縁を言い渡したはずの息子さんが少しずつ秋江さんの様子を見るようになります。幸齢者さまは歳を重ねるほど、最期が近づくほどピュアになっていかれます。息子さんはそんな秋江さんを見て、わだかまりが溶けていったのでしょう。

2週間もすると、息子さんはすっかり秋江さんの介護をしていました。亡くなる前の晩に、秋江さんが少しだけ重湯に口をつけました。こういうことは亡くなる直前にあるのですが、それを見ていた息子さんは、「柴田さん、母は良くなるんですか?」とすごく喜ばれるのです。

でも、私にはそれが旅立つ直前に起こる現象だとわかっていたので、「会わせたい人、全員呼んでください。もう、時間がありません」と伝えました。

翌早朝、秋江さんは、息子さんやご親族が集まる中、静かに旅立ちました。

私が駆けつけたとき、息子さんは「母を看取れて良かった」と、私にはっきりと言ってくれました。

「あんなに恨んでいた母だったけれど、母にふれ、抱いて看取ったことで、自分の中に母が再誕生した。柴田さんがずっと『抱きしめる看取り、ふれる看取りをすると、魂が再誕生する』と言っていたけど、僕には何のことかさっぱりわからなかった。でも、実際にこうして抱いて看取って、今、僕の中に母が息づいているということがわかった。『産んでくれて、ありがとう』という言葉が、初めて心の底から言えた」と。

「ああ、息子さんは秋江さんのエネルギーを受け取れたんだ」と思いました。本当にうれしかったです。

「我生かされて、今、ここにあり」

私の母は、やんちゃな私をいつも温かいまなざしで見守ってくれました。若い頃は親不孝の限りをしたにもかかわらず、離島で看取り士の活動を始めてからは、「私のことはいいから、幸齢者のことを最優先にしなさい」と励ましてくれる、いちばんの理解者でもありました。

その母が、88歳のお祝いを終えて間もなく心不全で病院へと運ばれた。母と暮らす長兄夫妻から連絡を受け、私はフェリーで本土へ向かう。海は荒れていた。まるで私の乱れた心を映し出しているかのように。

病院に直行すると、母は今生きているのが奇跡と医者が言うほどに衰弱していました。心臓は弱り、鼻には酸素チューブ、尿道にも管をつけられ、ベッドに横たわっていた。それでも母は私の顔を見ると笑顔を見せ、必死に起き上がろうとしました。私は母のむくんだ足を何時間もただひたすらさすっていた。すると隣のベッドにいた幸齢者が私に語りかけてきました。

「私は母を知らない。３歳で母を亡くしたの。あなたはお母さんの温もりを感じられていいですね」

私はうなずきながら、冷たくなった母の足を手でさすって温めていた。母と一体になれたような安堵感で涙があふれてきました。

母の容態もなんとか落ち着き、島にもどろうとしたその朝、母は心臓発作に見舞われました。すると母は苦しみの中で私に強い口調で「島に帰れ」と叱ります。もうこれ以上、娘には余計な心配をかけたくない、という母のやさしさでした。

「島の幸齢者の方を母と思って、わしと同じようにふれ合うんだよ。そうやっていつもおまえが良心を込めて人さまのために善いことをしていれば、必ずその功徳がわしにもくる。だからわしのことは何も心配はいらんよ」

親孝行らしいこともろくにせず、母に心配ばかりかけてきた私です。母のやさしさが骨身に沁みました。

私は後ろ髪を引かれる思いで、病院を後にした。島に向かうフェリーの中で、母の言葉を思い返すだけで私の目から涙があふれ落ちていく。申し訳ないという気持ちでいっぱいでした。

どんなときでも笑顔を絶やすことのない母でした。私は幼いころ、よくいたずらをして、父に暗い米蔵の中に入れられました。すると母はそっと米蔵の戸を開け、私のもとへ駆け寄り、泣き疲れた私の体をやさしく抱きしめてくれました。母の胸に抱かれた温もりを私は今も忘れることができません。

思えば、母は大家族の家に嫁ぎ、いろんな苦労が絶えなかったに違いありません。舅や姑だけでなく、小姑にも仕え、そして、戦火の中を生き抜いてきた母。同じ時代を生きる女性たちがそうであったように、若かりし日から苦しみに負けることなく、心を磨いてきたのでしょう。我欲もなく、絶えず周囲の者に迷惑をかけまいと静かに生きてきた。その母がすでに88歳にもなっていたのです。

その後も母の容態は思わしくありませんでした。すでに食事が摂れない状態が4日も続いていました。私は義姉から電話を受け、再びフェリーに飛び乗りました。すぐさま病院に駆けつけた私は、担当の医師から母の容態について説明を受けました。そして、最後に「延命治療を希望されますか」と聞かれました。

「いいえ、自然死で――。私が看取ります」

私は延命治療をきっぱりと断わりました。病院は病を治す所であり、病人の心を支えるのは家族だ、と考えていたからです。

母は元気なころ、父によくこんなことを言っていました。

「姉さんが入院したのでお見舞いに行った。廊下を歩いていると、病室から苦しそうなうめき声が聞こえてきて……。どなたが苦しんでいるのかと思い、病室をのぞくと、それは姉さんの声だった。体中にたくさんの管をつけられて、苦しんでいる姉さんがかわいそうで、声もようかけんかった。わしが死ぬときは、体に管はつけんでくれよ」

末娘の私が家族の誰にも相談せず、「自然死で」と決断したことに迷いはありませんでした。まず何よりも母の意思こそが尊重されるべきなのですから。

母はベッドの上で静かに眠っていました。呼吸が荒い。つらそうでした。私はベッドの横に腰を下ろし、母の目線に合うように顔を近づけました。病室の外では春雷が鳴り響いていた。母はときどき目を覚まし、澄みきった清らかな瞳を私に向けます。そして、安堵したかのようにまた目を閉じる。私は母の手を握りながら、心の中で母に語りかけました。

「あの寒い日の出来事を、母さんも覚えているよね。私のぜん息がひどくなって、医者から『もうダメですね』って言われたときのことを。母さんは寝ずに私を抱いていてくれたよね。あのとき、私はまだ幼くてよくわからなかったけれど、母さんの腕の中で死ぬんだなって思ったの。でも、何も怖くなかった。きっと母さんの温もりに浸って、安心しきっていたんだね。ありがとう。母さん」

私の脳裏に母との懐かしい思い出が次々と蘇ってきました。

「母さん、出雲大社の大祭のとき、私は皆に祝福されて生まれてきたんだよね。本当に私を産んでくれてありがとう、ここまで育ててくれてありがとう。こんなにも愛を注いでくれてありがとう……」

私は寝ることも忘れ、母と2人で遠い過去を旅していました。改めて自分の人生を振り返ると、私は今日まで自分1人の力だけで歩んできたような錯覚を抱いていたのかもしれません。ただ私が気づかなかっただけで、自分はいつも多くの愛に包まれ、多くの命に支えられて存在していたのです。親の看取り。それは私にとって自らを探す旅であり、生の意味を問い直すことでもあります。

「我生かされて、今、ここにあり」

私の胸は母への感謝の気持ちでいっぱいでした。

◆第6章
「ありがとう」は祈りの言葉

「大丈夫だよ。ありがとう」

２００２年。母危篤の知らせを受けて、離島からフェリーに乗って母の見舞いに駆けつけた数日後。突然、母はしっかりと目を見開き、自らの手で酸素マスクをはずしました。
「胸が苦しくなるから酸素マスクだけはつけようね」と私が言っても、母は首を横に振る。なぜか、「神さまが一緒だから、もういらないよ」と言ってしわだらけの手を合わせて合掌する。母はとても穏やかな表情を浮かべ凛としていた。

昨日までのあの苦しそうな表情は、どこに消えてしまったのだろうか。「誰といると楽しい？」そう聞くと、母は決まって「神さま」と答えました。

危篤を告げられる以前の母は毎日のように「逝きたいね。早く逝きたい」と言っていました。しかし、限りなく死に近づいたとき、母は救いの光に照らされ、神さまに出会ったのです。その瞬間から母の病状が快方に向かっていく。周囲の人々から「こんなにすてきな笑顔を見たことがない」と言われるほど、母の表情は変わっていきました。死の淵に立たなければ見えない、この光こそが私たちをあの世界（幸福の世界）へと導くのだろうと思います。

母は、「なごみの里」のある離島で私と暮らすことを楽しみに、リハビリに精を出すまでに回復していきました。その姿に安心し、私は一時帰島しました。

その夜、私は念のため実家に電話を入れ、母の容態を確認しました。特に変わった様子はないという。安心して電話を切ったものの、なぜか、母が自分を呼んでいるような気がしてなりませんでした。翌朝、私はフェリーに乗っていました。2時間ほどで本土に着き、いつものように電車に乗り換える。しばらくして私の携帯電話が鳴りました。「母さんが……」実家の兄からでした。

「今、直江駅に着いたところ、すぐ病院へ行くから」

「どうしてそこに！ 昨日、島に帰ったはずでは……」

母はベッドの上で安らかな眠りについていました。私は母の唇を水で潤し、はおに顔を寄せました。そして、母の魂に語りかけました。

「ありがとう、母さん」。母のすてきな笑みが私の心を癒してくれた。ふと母の頭上を見上げると、病院の壁にはまだあの紙が貼ってありました。

「がんばっている母に『がんばれ』とは言わず、『大丈夫だよ』と声をかけてやってください。娘より」

私が看護師さんや面会に訪れた人たちに書いた「お願い」です。私は静かにその貼り紙をはがしました。そして、兄たちと最後にもう一度「大丈夫だよ。ありがとう」と言って、母に別れを告げました。

医師や看護師らが見送る中、私たちは兄の車で病院を後にしました。母は私の腕の中で静かに眠っていました。母はもう旅立ってしまったのです。私は母の体をこの手で抱きしめながら、母の温もりをいつまでも感じていたいと思っていました。車内は母の生前と変わらず、とても明るい空気に包まれていました。

車内で何度も何度も繰り返し、「大丈夫だよ。ありがとう」と心の中で呟いていました。のちに看取り士になってから、この短い言葉こそ、死にゆく人を抱きしめる言葉であり、自分自身を励ます祈りの言葉であることに気づいたのでした。

ひとりで死ぬことはできない

人間は両親から3つのものをいただいて生まれてきます。「身体」「良いこころ」「魂」です。「身体」は死という変化でなくなりますが「良いこころ」と「魂」は子や孫に受け継がれていきます。

日々、私たちは喜びや愛の積み重ねの暮らしの中で、自分の魂の情熱（エネルギー）を蓄えています。その魂に積み重ねた魂のエネルギーは看取りの時、愛する人々に受け渡されます。抱いて身体に触れて送った時に、受け継がれていくのです。親から子へ、子から孫へ。私達が生まれてきたのは、その魂のエネルギーを次の世代に受け渡すためなのです。

超ソロ社会になって孤独死が増えるでしょうが、人は最期の最期まで、あの世からのお迎えがないと死ぬことができません。その意味で「ひとりで死ぬことはできない」のです。

死の孤独を癒せるのは、抱きしめることしかありません。私たちは母の命がけの出産により体をもち、この世に生み出されます。その瞬間に希望と孤独を手にするのです。自分では癒すことのできない背中があること、自分の身体の中に、自分の手の届かない場所があることを理解したとき、他者の存在が認められるのではないでしょうか？

そして、ひとりでは生きることも、死ぬこともできないと受け入れたとき、人はやさしく生きていけるのではないでしょうか？

最期のとき、すべての人が愛されていると感じて旅立てるように、やさしく、やさしく生きよと、私は看取りを通して教えられてきました。だから日々、穏やかに生きる幸齢者たちの平安を祈らずにはいられないのです。

２００２年、看取りの家を始めたとき、私は設立趣意書にこう書きました。

「旅立つ方々の終末期の看取りを通して魂を磨こうとするものです。人間の終末期において、旅立つ方々と私たちには言葉すら要りません。ただお互いに感謝を思うことのみがなすべきこととなります。旅立つ方々の魂は天と地（肉体）を行き来し、私たちの魂すら導いてくださいます」

人間の終末期ほど、尊いときはありません。その時に寄り添わせていただくことこそ、私たちの魂を清め高めます。それはマザー・テレサの言葉のように、1人ひとりの魂と接する機会が与えられているそのときなのです。

終末期にある旅立つ方々こそが師であり、そばにいる私たちは学びの者です。美しい死の中にこそ真の生があります。その場は真の生き方を学ぶ場です。この国の誰もが、最期まで尊厳ある人間として旅立てる社会になることを祈りながら、抱きしめて看取り、死の文化を伝えようと心新たに思います。

看取りの場面で見せてくださる深い慈愛。この感動をひとりでも多くの方に感じていただきたいし、次世代に、命というすばらしい贈り物を「ありがとう」と手渡せる社会を実現したいのです。これからは〝円〟を〝縁〟にかえる時代。看取り士が看取りの現場をプラスに変えていきます。

私の夢は、すべての人が最期に愛されていると感じて、「大丈夫だよ。ありがとう」と言って旅立てる社会創りです。この夢は、マザー・テレサの果たせなかった夢であり、この夢の続きを私はこれからも見続けていきます。

最期の1パーセントが幸せなら

ひとりの男性が困惑したように私のもとに相談に来ました。

「柴田さん、せめて最期の一週間だけは母（里子さん）を施設から家に連れて帰りたいんです。妻はがんの療養中で、僕は妻と母を看ることができないのですが、それでも最期の親孝行をしたい、悔いを残したくないのです。なんとかお手伝いしていただけませんか」

私は看取り士として、最期の一週間というこのキーワードに、その時が読めるのかどうか不安を抱きつつも、彼の希望というよりも母親の希望を叶えたいと思いました。

「人生のたとえ99パーセントが不幸だとしても、最期の1パーセントが幸せならば、その人の人生は幸せなものに変わる」

これはマザー・テレサの言葉です。私はこの言葉を看取りの活動のなかで常に心に刻んでいます。マザー・テレサはそう言いながら路上で倒れている人たちを「死を待つ人の家」に連れて帰り、こう言いました。

「5分間抱きしめるだけで、その方の人生はその瞬間幸せに変わる」と。

里子さんと息子さんの思いを、私は何としても遂げさせてあげたい。そう思って、まず施設の相談員の方と連携をとることにしました。

ケアマネジャーと在宅支援診療所（かかりつけ医）を探すところから始めました。そして、看取り士である私とボランティアのエンゼルチームの体制が整ったところで、里子さんを家にお連れしました。何をしていいのかわからず不安そうな息子さんには、そばにいて、できるだけお母さんの手を握ってくださいとお願いしました。

ちょうど6日目の夜でした。約束の1週間が来ました。介護のためにとった休暇が終わり、「これ以上介護を続けることができません」と、息子さんは言いました。

里子さんは食事が摂れなくなって1週間が経っていました。穏やかな呼吸の中にも荒い呼吸があり、いつその命の火が閉じてもおかしくない様子でした。ベッドの傍らに座りながら、肩を抱きしめ手を握ると、里子さんの思いが伝わってきます。里子さんは、この息子さんの言葉を聞いていたのでしょう。

人は旅立つ前、お迎えが来ます。お迎えが来るとともに、自分自身の魂を自由に身体から離し、行きたいところに行き、聞きたいことを聞ける、そんな人間に変わっています。里子さんもそうでした。里子さんは息子さんの休暇が終わるその朝、静かに息を引き取られました。

「柴田さん、母は最高の子孝行をしてくれました。ほんとうにありがたかったです。僕は幸せです」

こんな感想を言ってくださった息子さんに、そして立派に旅立って逝かれた里子さんに、私は心から手を合わせました。

里子さんをしっかりと抱いて、里子さんの温もりを息子さん、そしてご家族の皆さんと共に擦りながら抱きしめ、冷たくなるまでおそばにいました。その後、冷たくなられた里子さんを看取った全員で抱いておお別れをしました。

最期の1週間で、こんな豊かな見送りができ、その方の人生がプラスに変わり、家族すべての幸せとつながるとしたら、その時間は誰にとっても大切な時間に変わるのだと改めて教えられました。

そしてこのことを多くの人に伝えたいと思いました。仕事をしながら、家族の世話をしながら、長時間の介護は厳しいものです。そんなときはせめて最期の一週間を共に過ごし、万全の体制で見送ってあげてはいかがでしょう。

幸せな最期の法則――〝おひとり様〟でも大丈夫

ここで、私が看取り士としてさまざまな看取りに携わった中で感じた、「幸せな人生」「幸せな旅立ち」を送るための3つの柱のことをお伝えしたいと思います。

その3つの柱とは、次のとおりです。

一、夢があること

二、支える人がいること
三、自分で決める自由があること

旅立つ方には、できる限り幸せな最期を迎えていただきたいと思います。幸せな旅立ちのためには、３つの柱（条件）が必要です。

①夢があること

死を前にして、皆様には夢があるのと思われるでしょうか？

たとえ、この人生では最期の時間であったとしても、自分の魂が縁ある人々の心の中で生き続けるのだという死生観を持っている。そして、自分の魂のエネルギーを子孫に渡す。それにより、自分という存在が子々孫々に生き続けるということを考えてみてください。そう考えると、肉体の時間には限界はありますが、魂の時間は永遠であることが想像できるかと思います。最期の場面における「夢」とは、旅立つ人が前を向いていくために大切なものなのです。

②支えてくれる人がいること

まず考えられるのが、ご家族、友人です。人は誰しも他者に認められること、たとえば「奥さんに愛されている」「親が認めてくれた」などというときに幸せを感じるものです。心理学で承認欲求といい、〝誰かが認めてくれる〟ことは、私たちが生きていく上で非常に大切なことです。逆を言えば、これがなければ、人は生きていけません。それくらい、人間というのは支え合って生きているのです。

愛する人のぬくもりほど安らぎを感じるものはないのです。

〝おひとり様〟でも大丈夫です。先日もエンゼルチームに手を握られて、看取り士に抱かれてガッツポーズで旅立たれた〝おひとり様〟がおられました。

③自分で決める自由があること

私たちは誰からも束縛されることなく、物事を自由に判断して、行動ができます。ところが、人生の最期となると、体の自由がきかず、自分の意志とは異なる判断が家族や医療者から下されることが多々あります。医師から告げられた余命を聞き、「残された時間は家族とゆっくり過ごしたいから、自宅に帰りたい」と言っても、誰もがそれを実現できるわけではありません。

今の日本は、半数以上の人が「自宅で最期を」と望みながらも、10人中8人が病院で最期を迎えています。

自分が望む暮らしを最期までできることが〝自由〟であり、〝尊厳〟なのです。

「延命治療を行うのか、行わないのか」「どこで最期を迎えたいか」。そういった自分の希望が実現する環境を創ることで、本当の自由が獲得できます。

私は、この3つの心の柱のバランスがとれて初めて、幸せな人生を生き、幸せな最期が迎えられると思っています。

現実はどうでしょうか。夢はありますか？　縁ある人々の心の中で生き続けるのだという希望。あるいは、魂のエネルギーを子孫に残すのだというプラスの死生観。死が終わりであるという考えでは、夢を持ち続けることはできません。

そして、2番目です。支える人。まず家族、そして友人があげられます。そしてこれからの少子高齢化の時代、〝おひとり様〟も増える超ソロ社会では、家族や親族とは違う新しい〝縁〟も必要となります。

〝おひとり様〟の老後を覚悟したつもりでも、誰にも知られず孤独のうちにひっそりと死に、死後何カ月も誰にも発見されないというのは、あまりにも悲しいことです。

私達は、新しい縁として、看取り士と無償の見守りボランティア〝エンゼルチーム〟を作りました。実際、看取り士とエンゼルチームの連携によって、最期を支えられる〝おひとり様〟は増えてくるでしょう。

「幸せは他者の認証によって得られる」

これは、中央大学の山田昌弘先生の言葉です。誰かに認められること、例えば奥さんに愛されていると感じた時、親が認めてくれた時に、私達は幸せを感じるのです。誰かが認めてくれること、一対一の関係性。1人でもいいから、「愛してるよ」って言ってくれる人がいることで、人間は幸せだなと思えるものなのです。たった1分でも、誰かが抱きしめてくれるだけで幸せになれるのです。

そして最後、3番目の「自由」です。自分の思うような暮らしが最期までできるということです。例えば、我が家で死にたいと思えば、我が家で死ねる。延命は嫌なら、延命せずに死ぬことを選べる自由です。

この3つの心の柱があれば、私達は幸せに生き、そして幸せに死んでいくことができるのです。私は看取り士として、この3つを大切に生きていきたいと思っています

魂のエネルギーを受けとめる

人は誰しも、死を受け入れて死ぬ者です。そして、死を受け入れた時から、人は神仏と同じなのです。だから、その瞬間、人は寒さも暑さも感じないのです。身体は介護が必要ですが、精神は完成していきます。肉体的なものを超えていく――そこには、苦はありません。抱きしめて送る時、私はそのことを逝く人から伝えられます。そして、死の瞬間の穏やかさも私に伝わるのです。

お迎えが来る頃になると、呼吸が苦しそうに見えます。けれど、実は本人は苦しくはないのです。魂が自由に身体から出入りできるこの状態になると、人は暑さも寒さも苦しみも身体に感じることはありません。

私自身、幽体離脱をしたとき、喘息の激しい発作が起きていて父母には苦しそうに見えていたのですが、私はその様子を上から見ながら「大丈夫だよ、苦しくないよ」と言っていたあのときの感覚を思い出します。そのとき私は自分の身体の中にはいませんでした。ただ天井から私自身を見下ろしていたのです。

息子さんに看取られた前述の里子さんも、もうすでにこの身体にはなく、私たちを高い所から見下ろしながら微笑んで見ていたのです。微笑んで息子さんの言葉を聞きながら、旅立ちを決意したのだと私にはわかります。

ただ、意識が鮮明で呼吸が苦しいというときは、私が体験したほとんどの方が「病院へ」と望まれます。一見、その違いはわかりにくいと思いますが、看取り士にはわかります。もし本人の意識がはっきりとあり、苦しみの中で「病院へ」と言われた場合には、病院に搬送してください。

どんなに自然死を願う方でも、例えばパーキンソン病などの病気をお持ちの方は、最期にこの呼吸苦が訪れる場合が少なくないからです。どこまでも本人の意向を尊重すべきです。

その方が積み重ねた魂のエネルギーは、残された人々がもらって、生きる勇気や、元気に変えていかなければいけません。その人と一緒に、これからの人生を生きていくのです。赤ちゃんが何もできないのと同じように、旅立ちのその時、人は何もできませんが、魂に蓄えられた愛と情熱は完成されており、私たちはそれを受け取ることができるのです。

「なごみの里」に、9歳の時に母親をがんで亡くした女性スタッフがいました。彼女は病院での死の瞬間の光景が余りにも怖く、その時から母の記憶を自分で封印していました。ところが、「なごみの里」で幸齢者の穏やかな死を看取ることで、彼女の心の蓋がとれたのです。それだけ、人の死は力があるのです。

彼女は「母もこうやってお団子をつくってくれていました」と言えるようになり、それから母の記憶がどんどん戻っていきました。安らかな死を看取ることで、彼女の死に対する恐怖はなくなり、それが母のことを思い出すことになったのでしょう。

最期の時、それは身体を放す瞬間です。

その時こそ、私達の身体を使って温かく看取りましょう。そうすることで旅立ちの後の喪失感もなくなります。魂のエネルギー、それが逝く人が遺された人に贈る、命のバトンなのです。

第Ⅲ部

看取りは命のバトンリレー

人は、抱きしめて看取った後、
世界はもう一度輝きます。
風景は今までより鮮やかにあなたの目に映り、
花々は美しく咲き乱れ、
木々のざわめき、
鳥のさえずりがやさしくあなたを包みます。
そして、心の奥底から湧き出る言葉
「ありがとう」。

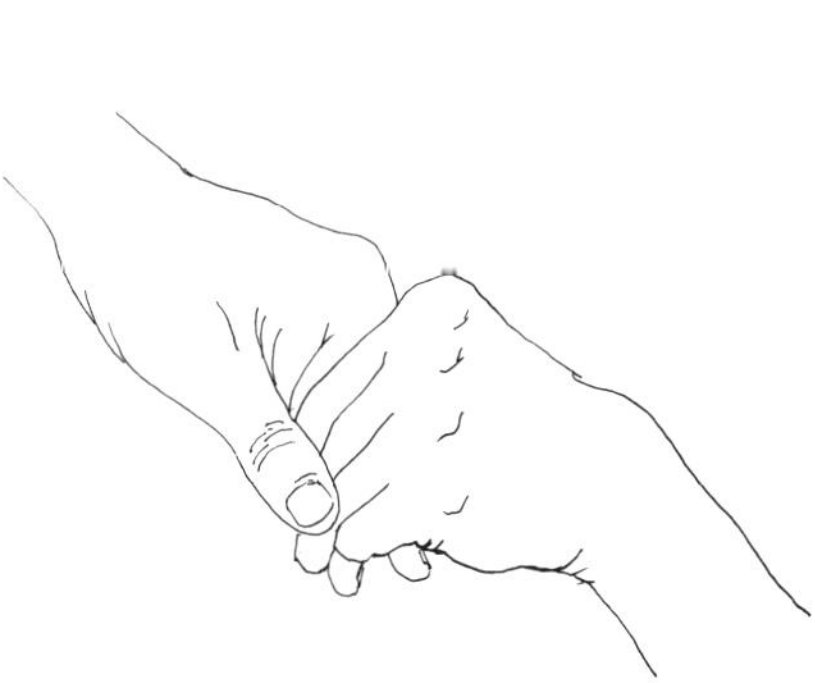

◆第7章

遺された人たちの命のバトンリレー

映画『みとりし』最後のシーン

映画のシナリオを書きながら、爽やかなラストシーンで終わりたいと考えていたので、私はいろいろと悩みました。実際の映像では表現しきれなかったのですが、私達が看取りをさせていただいた恵子さんとの体験をもとにしています。

ラストシーンのシナリオは、「死は愛の中で」というタイトルで、次のように書いています。


太陽の光がまばゆいほどに呼びかけ、山々が美しく色づき始める。

そんな中に、１本の電話が入る。

「私は死にたくない。子供達の為に。お願いです。助けてください」

まるで何かに怯えるかのような声だった。がん末期、腹水がたまり、歩けないほどの恵子（38歳）さん。胎内体感を進める中で、「私より小さな母が、毎日赤ん坊を抱くかのように私を抱くのです。何だか恥ずかしいけれど嬉しくて」と恵子さんが笑う。


旅立ちの前々日には、集まった子供たち１人ひとりをベッドサイドに呼び、「お母さんは、魔法使いになっていつでもあなたたちのそばにいるから大丈夫！　あなたたちは、大丈夫！」と伝える。

そして旅立ちの前日、彼女は、「眩しいほどの光に包まれています。眩しすぎてカーテンを閉めたほどです。それでも光に包まれています。今は亡きお父さんの姿がはっきりと見えます」と言う。


そして翌朝の旅立ち。ベッド柵を外し、彼女を抱き起こしたご主人は、ベッドに座ってひざ枕をする。お母さまとお姉さまもベッドサイドへ。

すると、ピンと張り詰めた空気から一転。3人とも「うわぁー」と泣きだし、「よく頑張ったねぇ」などとお声かけしながら涙を流される。

ご主人は、奥様の頬を撫でながら「ずっと一緒にいようなぁ」と背中に触れ、温もりを感じて頷くお兄ちゃんたち。

「お母さん、ありがとう」

そう言って伝えたとき、恵子さんの表情はさらに穏やかなものになった。

この間、3時間ほどご主人はずっとひざ枕をしたままだった。


そして告別式、5人の子供のうち4人の男の子は「お母さん、ありがとう」と口々に言う。最後に、小学校1年の女の子が「お母さん、大好き！」と呼びかける。告別式にお越しの皆さんの涙があふれだす瞬間だった。

空気は晴れやかに澄みわたり、まるでお母さんがそこにいるかのようにあたたかい時間だった。きっと魔法使いになって彼女がそこにいたのだろう。

完成した映画のラストシーンでは愛にあふれた看取りを願ったのですが、臨終前後、何時間もご主人が恵子さんをひざ枕して抱きしめることは、時間制限のある映画ではとても表現できません。それがとても残念でした。私達は看取りのプロであり、決して介護をするのではありませんが、映画制作の現場ではそうしたことも含めて伝えきれないことが多かったと思います。

人間は死んだら「愛そのもの」になる

他人への愛と言うのは、
あふれる出る水のようなものです。
自分の心のコップに愛を満たし、そこからあふれ出す愛こそが本物。
先ずは自分自身の心を豊かにするための時間が必要です。

日々の暮らしを整えて心の蓋を開けること。
そして自分の心が愛で満たされた時、
人ははじめて他人を愛することができるようになります。

これは、私の作った「言葉のカレンダー」の中のひとつです。

映画のラストシーンで私が訴えたかったことは、「人間は死んだら愛そのものになる」ということでした。臨終前から逝く人の魂は身体からゆっくりと離れます。そして「愛そのものになる」ということを、私は看取りの中で教えられました。

看取り士としての私のターニングポイントとなった出来事はいくつかありますが、そのひとつは、山村郁子さん（享年92歳）の看取りでした。郁子さんからは「空間が愛」だということを教えていただきました。

最初に郁子さんの自宅にお伺いし、玄関を開けて、中に入らせていただいた瞬間、「空気が澄んでいる」と感じました。そのとき郁子さんはすでに旅立ちの直前でした。ベッドに横たわる郁子さんの首の後ろあたりから霧か水蒸気のような気体のようなものが部屋中に充満して、それが明かりに照らされて部屋中がキラキラしているように見えたのです。

「きれいだな」と思ってうっとりと見ていたのですが、やがてそれが「愛」という漢字に変わっていくのです。次々に「愛」という文字が現れて、部屋中を満たしていきます。キラキラとした輝きの中で、「愛」という字がきらめいていました。

そのとき、「ああ、私たちの存在って〝愛〟なんだ」と妙に納得したのです。

〝愛〟が空間いっぱいに広がるということは、亡くなった方は瞬時に愛に変わって、私たちのところにいつでも来ることができるということです。

そんなふうに見える私が特別なわけではなく、これは看取りを経験するとみんな見えるようになるものだと思うのです。こうして、私たちは、いつもいつも旅立つ方から教えてもらっています。そのたびに、本当に彼らは天使になっているのだなと感じるのです。

前に述べた敏夫さんや郁子さんの体験からも学んだことは、旅立つ人の周りは、自然とパワースポットになっているということでした。旅立つ人が、その過程で〝命のエネルギー〟を周囲に放出し、愛をふりまいてくださるわけです。同じ空間にいるだけで、私たちはそのエネルギーのシャワーを浴びているようなもので、まさにパワースポットです。

「パワースポット巡り」などといって、神社仏閣巡りがよく話題に上りますが、遠くに行く必要なんてまったくなく、パワースポットはすぐ身近にあるのです。

旅立つ方は、自分が旅立つことを理解しています。ちゃんとそのお迎えが来て、自分も逝く準備ができたとき、その方は、私たちのような健康な人に比べて肉体こそ自由に動かせませんが、私たちにさまざまな気づきを与えてくれます。

この域に到達すると、彼らの魂は完成度が高くなっています。私たちが偏見や先入観を捨てて心をオープンにしていくと、彼らの愛が私たちの中に流れ込んでくるようになります。

ですから私たちも神社仏閣にお参りするときと同じように、心を整える必要があります。参拝の前に鳥居の前で静かに手を合わせたり、手水舎《てみずや》で身を浄めたりといった作法の手順を踏むように、看取りにも作法があります。

希望を届ける努力

映画『みとりし』の最後のシーンにも出てきますが、子供を遺して亡くなる若い母親の看取りほどつらいものはありません。それでも看取り士は、彼女に希望を手渡すと同時に、自分自身の中に常に患者を信頼する強い心が必要です。

私は長年、多くの方を看取ってきました。離島では、幸齢者の方がほとんどで、死因も体の機能が衰え、老衰に近いものがほとんどでした。ところが最近、若い方からの依頼が増えています。若い方の場合は、がんなどで三大治療や高度先進医療を受けた後に緩和医療を選んだとか、これ以上、治療の術がないというような方々が中心です。40～50代、若い方で30代前半という方もいます。

まさか私より若い人を看取る時代が来るとは思ってもいませんでした。つらいことです。幸齢者の方と若い方とでは、看取りの仕方も変わってきます。幸齢者の方は、死の恐怖を乗り越えたら、割とすぐにお迎えを待つ準備ができるのですが、若い方は最後の最後まで自分の人生を手放せません。生きる希望をお持ちだからです。それは当然のことです。なぜなら、まだ、成長を見届けたい育ちざかりのお子さんがいらっしゃったり、自分の人生を生き切っていないという思いが強かったりするでしょうから。

記憶に新しいと思いますが、歌舞伎役者、十一代目・市川海老蔵さんの奥さまの麻央さんも、34歳という若さでこの世を去りました。幼子を2人遺して、最後まで自分の人生を手放すことなんてできなかったと思います。

ですから、看取り士の私たちも、つらい思いを胸に秘めて、自分を奮い立たせてお伺いしています。若い方へのふれ合いは、幸齢者に対するものとは、かける言葉も違うからです。

私たちはまず、ご本人のお話を十分にお聞きし、「大丈夫です。奇跡が起きます」と共感します。私たち看取り士は、いつでも、その方に寄り添うのです。その方のお気持ちを汲み、その方の力になるような言葉をかけます。

ここでも「大丈夫」という言葉が登場しますが、この「大丈夫」は幸齢者の方にかけるときとは意味合いが異なります。看取り士は彼らの生きる希望になるように努めます。死は敗北ではありませんが、かといって、看取るためだけの看取り士でもありません。「奇跡をあなたに届けます」という意味もあるのです。ここでいう奇跡とは、万能な力で病を治すようなことではありません。最期まで自分らしく生きていただくために、「希望を届ける」とも言えるでしょう。

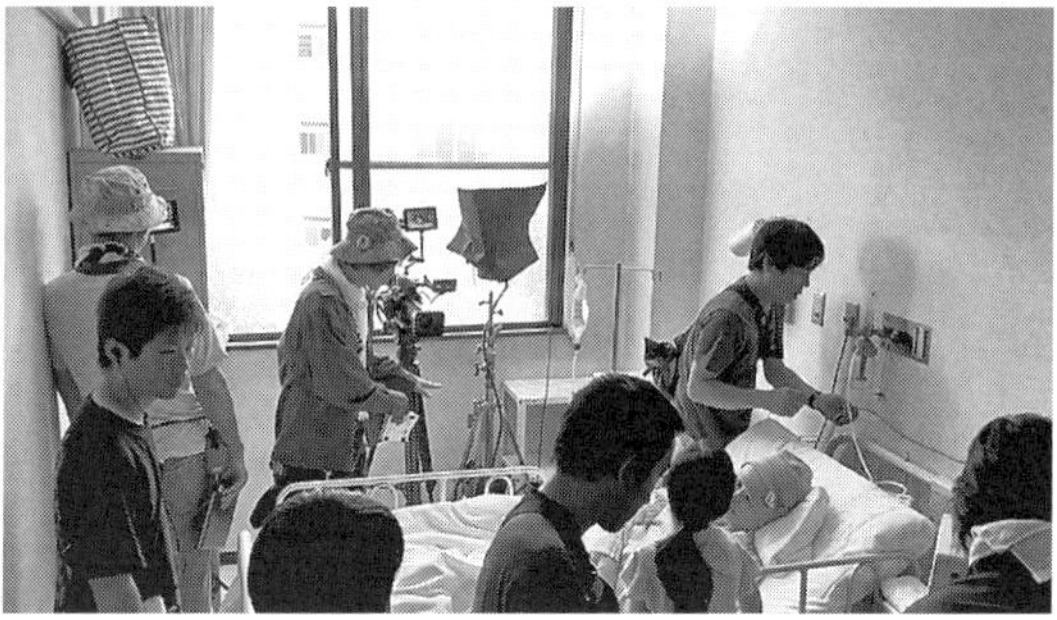
映画『みとりし』撮影シーン

そうして寄り添っていると、体調が好転される方もいらっしゃいます。いつの間にか元気になられて、看取り士が必要なくなった方もいらっしゃいます。看取り士は、お役に立てるのであれば、どんな方にも喜んで、寄り添わせていただきます。

数年前、私は38歳で乳がんになった女性を看取りました。先にも述べた恵子さんです。映画のラストシーンは彼女がモデルのひとりになっています。とても素直で明るくて、すてきな女性で、5人の子供のお母さんでした。

彼女は旅立つ1週間ほど前、私にこう聞いてきました。

「柴田さん、感謝するってどういうこと？」

彼女はこれまで真面目に生きてきて、たくさん「ありがとう」という感謝の言葉も周りの人に伝えてきたのでしょう。だから、「感謝するという言葉の意味が、私にはよくわからない」というのです。

きっと、「感謝が足りないからこうなった」と彼女に言った人がいたのでしょう。「それだから病気になったんだ」というふうに責められ、直面目な彼女は、自分なりに悩み考えたのでしょう。

私は答えに詰まりました。なぜなら、彼女はもう十分に感謝ができていたからです。「もう十分できてるわ、大丈夫」としか私は言えませんでした。映画『みとりし』のシーンでは、ご主人のひざ枕で安らかに亡くなっていきます。映画ではわずかな時間ですが、2人は無言でお互いの感謝と愛の気持ちを伝えながら、長い時を共にします。そしてご主人は彼女が息を引き取ったあともひざ枕のまま、彼女の魂をバトンリレーするのです。

〝感謝〟とは、①自分を生んでくれてありがとう、②自分の体にありがとう、③目の前のあなたにありがとう。この3つに手を合わせることです。

私の作った「言葉のカレンダー」にはこう書いています。

「ありがとう」の言葉をたくさんたくさん使ってください。
自分の身体に、心に、魂に届くほどに。
ありがとうの言葉にリボンをかけて、

大事な方に、贈りましょう。

感謝で心を満たす時、心の中に幸せが満ちてきます。

彼女はすでにそれができている人でした。そういう人が若くして人生の幕を閉じる準備をしなくてはならず、悩みながら生き抜いていかれるのです。

私たちにとってもつらい場面ではありますが、できるだけ幸せな最期を送っていただきたい、遺されるご家族に命のバトンをつないでいってほしいという一心でサポートさせていただきました。

看取りの仕事は5つ

看取り士の仕事は次の5つがあります。

①相談業務
②寄り添い業務
③旅立ちの呼吸合わせ
④看取りの作法をご家族に伝えること
⑤臨終後のバトンリレー

看取り学初級の研修では、最初にそのことを伝えています。遺族の方が思い残すことなく看取りをしておくと、ひどい喪失感に陥ることはなく、旅立たれた方の魂が自分の中に生きているような感覚になるのです。

人が旅立ってゆくとき、首の後ろからエネルギーが抜けていきます。看取る人は首筋から背中の方に手を差し込んで、この部分にふれたり、ひざ枕で、その方からのエネルギーを受け取ることになります。すでに息を引き取られていても、肉体がある限りは時間をかけてエネルギーを放出していますので、同様の姿勢で看取り続けてください。最初は冷たく感じても、ふれているうちに肌のぬくもりが戻ってくることがわかります。

この作法は、肉体がある限りはできるので、ぜひ実践していただきたいと思います。肉体があるうちに何時間もお体にふれて、エネルギーをいただくことは、グリーフケアの観点からも大切なことなのです。

とはいえ、誰もが最初から簡単にできるわけでもないようです。特に日本人の場合は、普段から人の肌にふれることが少ないため、慣れるのに少し時間がかかることがあります。

看取りの現場で、ご家族にその作法をお伝えするときには、旅立つ方のほおに私が先に手を当て、その上からご家族の手を当てるようにします。旅立たれた後はじっとふれていないと、ほおはすぐに冷たくなります。

ある新米の男性看取り士ですら、私が「そのままずっとふれていてね」と言ったら、しばらくふれていた後、泣き始めたのです。何か、お体を通して伝わってくるものがあったのでしょう。そうやって、看取り士もお体にふれることでお別れができるようになるのです。未経験の人が突然の看取りに戸惑うことはあるかもしれませんが、一度、この看取りを経験したら、忘れることはありません。

実際に私がお手伝いをさせていただいたケースを紹介しましょう。

かねてから、93歳のお母さまのことでご相談を受け、面談を約束していた和美さんから、お母さまの様子が急変したとの連絡がありました。

「すぐに行きます」とお答えすると、「柴田さんが来るまで母が待ってくれるよう、お祈りをお願いします」とおっしゃったのです。

翌朝、和美さんから連絡がありました。

「昨夜、母が旅立ちました。でも、柴田さんに来てほしいです」

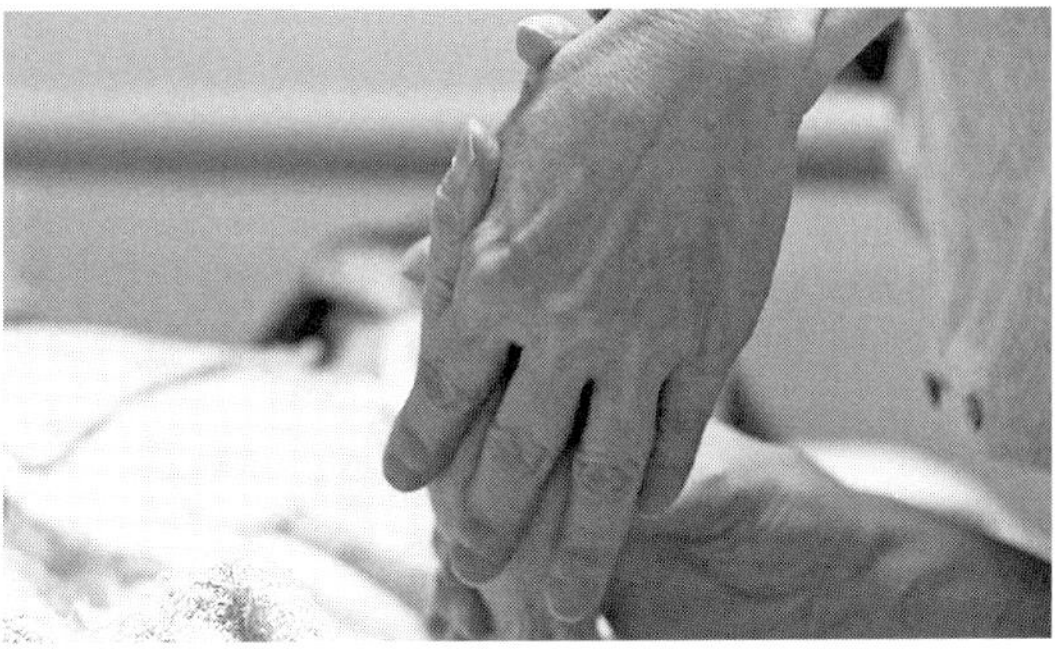

「なごみの里」

旅立たれて13時間後に和美さんのお母さまのご自宅に伺いました。

お宅に入った途端、部屋中にお母さまの慈愛が溢れているのを感じました。でも、和美さんは、どう看取ればいいのかわからなかったようでした。私はまずドライアイスを取り除けて、お母さまのほおを手でふれました。しばらくするとほおが温かくなり、私の体が熱くなってきます。そして、お母さまの肩、腕、手と順番にふれ、次に私の手に和美さんの手を重ねます。

すると突然、和美さんは横ばいになり、しっかりとお母さまを抱きしめられました。「お母さん、ありがとう、ありがとう」といとおしそうに見つめられ、その目からは涙がこぼれていました。

それを見て私は、「ああ、和美さんは、穏やかにお母さまの魂のエネルギーを受け取られたんだなぁ。和美さんは、この先も心穏やかでいられるな」と安心したのです。

きちんと看取れなかった人の「臨終コンプレックス」

すでに近しい人などをお看取りされた方々の中には、きちんと看取れなかったことをずっと後悔していらっしゃる方もおられます。講演会などで、「悔やんでいる」と、心境を吐露される方にしばしば出会います。全国的にみても、相当の数の方がそのようなトラウマを抱えているのではないかと思います。

「仕事の関係で、おやじの臨終に間に合わなかった。生前、もっとおやじの話し相手になってあげなかったのが悔やまれます」

男性の場合、そんなことを言われる方も少なくありません。女性でも親子関係や兄妹関係のもつれから、親の死に目に会えなかったと、後悔する人が少なくないのです。私の元に寄せられる相談内容の上位を占めるかもしれません。医師による死亡宣告後に到着したため、臨終時にそばにいなかったことを、悔やみ、長い間、思い悩むようです。私たちはこれを「臨終コンプレックス」と呼んでいます。

でも大丈夫です。悲しみはいつでも癒すことができます。旅立った人の肉体があるか否かで異なる部分はあるものの、いつでも〝看取る〟ことができ、それによってあなたの悲嘆を癒すことができるのです。旅立った方は遺された人のことをとても愛していて、彼らの幸せを願い見守っています。決して恨んだり怒ったりなどはしていません。

息を引き取られてから24時間以内であれば、まだ温かみがありますから、ご遺体にふれることで温かみが戻り、逝かれた方と肌のぬくもりを通して交流することができます。その場に看取り士がいれば、死に目に会えなかった方にも、旅立たれた方の首元から背中に手を入れたり、抱いたりしてもらい、ぬくもりを感じていただけます。そして、「間に合って良かったですね」と声をかけて差し上げることができます。

この「間に合う」という言葉は、ご家族にとって、その後の人生を左右するほど大変大きな意味をもつようです。ちゃんと看取れなかったと悔やんでいる方は、記憶の奥のほうでずっとそのことを後悔し、自分を責めたりします。

しかし、「間に合った」という思いがあると、ご家族はその後、悔やんだり自分を責めたりすることなく、旅立たれた方が自分の中に息づいているように感じられて、穏やかな気持ちでいられるのです。この違いは大変大きいのではないかと思います。

病院などで臨終の瞬間を経験したことのある方なら、おわかりだと思いますが、医師が「ご臨終です」と告げた途端、30分以内に葬儀社が駆けつけ、いろいろなことがバタバタと動きだします。こうなると、ご家族はゆっくりと別れを悲しむ時間すら与えられません。

このようなことは、普段はそうそうないので、急にそういう場面に遭遇するとうろたえてしまい、言われるがままに進んでしまうケースが多いものです。そういうときに看取り士が一緒にいると、すぐにご遺体を運び出さないようにお願いしたり、ドライアイスを体に当てないように交渉したりできます。現場に看取り士がいれば、遺族との看取りの時間を優先して、物事を進めます。

「看取り直し」も大切な命のバトンリレー

亡くなってから時間が経過し、ご遺体もない中で、他界された方に対する思いや悔いが残っている場合があります。その場合は「看取り直し」といって、もう一度自分の心の中で他界された方を看取ることで気持ちの整理をすることができます。

「看取り直し」もまた、命のバトンリレーの1つです。

看取り直しのやりかたは、まずは7日間、共に生活していたときと同じ暮らしをすることです。朝には「おはよう」とあいさつし、朝食を食べ、お茶を一緒に飲みます。そして、旅立たれた方ととにかく対話をすることです。一緒だったときのことを思い出し、そのときの自分の気持ちや今の自分の気持ちを、旅立たれた方に対して話しかけてみてください。

北海道で、知人を通して知り合った恵子さんにお会いしました。2週間ほど前に旅立たれたご主人を、旅立つ際に抱いて看取ったそうですが、お話しするうちに彼女は泣き崩れられました。

「夫は最後まで立派でした。今なお夫を感じていたいと思うのですが、涙が止まりません。どうすれば、夫を感じることができますか？」

そう尋ねる彼女に、私はこう答えました。「ご主人は、お体はなくされましたが、お心と魂はあなたのそばにいます。そのことを強く信じて、感じてください」と。

四十九日というのは、魂に魂が重なる期間です。

ご主人の魂は、まだ恵子さんのそばにいます。恵子さんはそれを感じつつも、肉体がないことの寂しさから涙が出るのでしょう。ご主人は、旅立つ直前、恵子さんに、「おまえのそばにずっといるよ」という言葉を遺されたそうです。

「生前と変わらないようなお声がけをご主人にして、ご主人と一緒に3人でお茶を飲みましょう」と私は提案しました。

まずは亡くなった方の言葉を信じることです。しっかりと魂を受け取ったときは、お腹の下の丹田にその方の魂が重なるので、それを感じるのです。そうすると、とても強くやさしく生きていけます。このようなことを恵子さんにお伝えしました。

そして外のカフェでお茶を飲む私たちの紅茶の中に桜の花びらが舞いました。その花びらこそご主人の想いと分かり、ご主人の魂とのつながりを感じられた恵子さんは、「夫がいつも見守っていると感じて生きていけそうです」と返してくれました。生前、「草木になって君のもとに行くよ」と言われていたとのことでした。

お茶を飲んだ後の恵子さんの顔はとてもやさしく、柔らかな表情に変わっていました。

次は、2011年3月11日、東日本大震災で津波による被害が多かった宮城県で教員を務める女性のお話です。

震災から1年ほど経った後、私の講演を聞いてくださったその女性教師から連絡がありました。震災後、うつ病になったとおっしゃるのです。

「私は生徒たちを指導する立場にありながら、自分がうつになってしまいました。なんとか抜け出したいけれど、どうすればいいのでしょうか」

平日は仕事があるため、週末に電話をかけてくれていた彼女に、「とにかく午前中はお散歩をしましょう。まずは家の外に出て、歩きながら話しませんか」と提案しました。彼女に散歩をしてもらいながら、電話でお話ししたのです。

彼女は、歩きながら景色をながめ落ち着いている様子です。ポツリポツリと、震災後の出来事や、つらい胸の内をお話しされました。

彼女はお母さまを津波で亡くされていました。被害の大きかったその地域では、身内を亡くした生徒も多かったそうです。しかし、子供たちは一言も「つらい」なんて言わないのだそうです。我慢をしているというより、口にしないで暮らすことで日常生活をなんとか送ろうとしていたのかもしれません。彼女は子供たちのそんないじらしい姿を見たからなおさらのこと、ご自分のつらさを口に出せず、1人で重い悲しみを抱えていたのだと思います。

散歩しながら電話で話をしていた彼女は、ひとしきり話すと、もう話すことがなくなるみたいで、無言になられます。そのときは彼女も私も無言のままです。おそらく先生は、電話で誰かとつながっていることで安心だったのではないかと思います。人は支えがあることで心に平安がおとずれます。

そうやって毎週毎週お電話をいただいて、10回目くらいだったでしょうか。散歩に出られたときに、ふと「母の声が聞こえる」とおっしゃったのです。それを聞いて私は、「もうこれで大丈夫」と思いました。案の定、しばらくして先生は生きる力を取りもどされました。それ以降はうつ病を克服し、元気にされていらっしゃいます。

私が「もうこれで大丈夫」と思った理由は、死者と向き合って会話ができるようになると、悲しみが癒されるからです。彼女は電話を切った後も歩き続けて、お母さまに話しかけていたそうです。お母さまが元気だったころに、普段話していたような、何気ない暮らしの中の会話をしていたといいます。

亡くなったお母さまと会話をするということは、自分の中にお母さまの魂が入り込み、魂の交流を重ねていくことなのです。これができるようになると悲しみが癒され、心が楽になっていくのです。

死者と対話して、たくさん涙を流してください

死者と話ができるというと、不可思議なことかと思われる方もいるかもしれませんが、自分自身との対話でもあるのです。

私たちの死生観は常にプラス、つまり肯定的です。旅立った人は遺った人たち、生きている私たちに魂を渡してくれる存在だという考えがその根底にあります。死者と会話をすることは、それが本当であれ何であれ、本人の中でそれが成立すれば、その人の中で亡くなった方と魂を重ねていった結果、魂のリレーができたということなのです。

津波で母親を失った女性教師がそれをできるようになった理由には、自然の中に身を置いて歩いたことも大きいと思います。光と風を感じ、空を流れる雲を眺め、自然の営みを肌で感じられたことが、彼女の心を徐々に癒してくれたのだと思います。自然というのは、それほど大きく偉大な力があります。

名古屋での講演会に、自衛隊の方が参加してくださり、質疑応答で手を挙げてくださいました。彼は、東日本大震災発生直後に被災地に入られたそうです。

そこで、赤ちゃんを抱いた若いお母さんのご遺体を収容した際、そのご遺体にかける言葉がなかっ

たとおっしゃいました。

「僕はそれからずっと自分を責めました。あのとき、どう声をかけてあげればよかったのでしょうか？」と、勇気を出して質問してくれました。

これはつらいことだと思います。すごく良いことをしているのに、それと引き換えに重たい石を持つことになってしまう。でも、それでは、尊い命を前にしてもったいないことです。

私は、「『ご縁をいただいてありがとうございます』と声をかけてください」と伝えました。私達の人生において偶然はありません。その自衛隊の方も、職務上のこととはいえ、何らかの理由があってその犠牲者と出会ったのです。その出会いに感謝し、「ご縁をありがとうございます」と伝えることで、相手の方は喜ばれます。

彼はまた、このようなことも言っていました。

「僕はプロなのに、犠牲者にどう声をかけたらいいのかわからなくて、何も言えなかった。どなたにも。看取り士の方にぜひ、それが聞きたくて来た」

彼が自責の念にかられたのはプロとしてのプライドでもあったからです。

今の日本社会では、ひとたび災害が起こると、真っ先に自衛隊の方が現場に入られます。死生観についてのレクチャーがないのか、死に直面すると、トラウマが強く残るというお話を耳にします。死は決して怖いものではありません。それを知っていただければ、彼らのトラウマも軽減されるのではないでしょうか。

人の死に突然直面してショックを受けたとしても、私たちは不完全な人間なのですから当然のことです。人間は、どのような経験も消化し、成長していけます。そのために時間はかかるかもしれませんが、日々をていねいに暮らしていく。必要なのはただそれだけです。

感情を解き放つことは、とても大切なことです。特に、大切な方がお亡くなりになったときに泣くことは、ご本人にとって感情の解放になります。

お母さまを津波で亡くされた先生もそうでしたが、周りの人が泣かない中、自分が泣くなんてできないと、たとえ無意識であっても我慢をしていると、我慢した感情が精神を不安定にさせたり、無気力にさせたりしてしまうことがあります。

「泣く」は「さんずい」に「立つ」と書き、「涙」は「さんずい」に「戻る」と書きます。たくさん涙を流した後に、しっかりと自分を取りもどせるということなのです。

また、泣くことは、浄化の意味もあります。ですから、しっかり泣いた人ほど、その後、しっかりと自分で立ち上がることができます。

お看取りをされる際には、思う存分泣いてほしいと思います。

法要は大切な命のバトンリレー

グリーフとは英語でGrief、日本語で「悲しみ」という意味です。家族や友人など大切な人の死に直面すると、喪失感に駆られる一方で、その現実をなんとか受け止めようとするため、精神的に不安定になるものです。そういう状態をケア（Care＝癒す）することを「グリーフケア」と言います。

日本では、初七日、四十九日という旅立った後の大切な作法があります。死後の法要も、宗教宗派の儀式は異なっても、あの世とこの世をつなぐ大事な命のバトンリレーなのです。命のバトンリレーによってグリーフを乗り越え、旅立った方に心を寄せながら日々をていねいに暮らしてゆこうという思いにもなります。

仏教では、人が亡くなったときから7日間は、その方の魂は肉体のそばにいると言われています。これを「初七日《しょなのか》」といいます。

私が島に暮らしていた当時、抱きしめて看取った幸齢者さまのお通夜が7日間通して行われ、その間、ご遺体はずっとご自宅にありました。当時、都会から来たばかりだった私には驚きの光景でした。目を丸くしている私に、ご家族はこう教えてくれたのです。

「日本には万葉集にあるように、『もがり』の期間というものがあって、人は７日間、魂がその肉体に蘇るかもしれないと言われておる。だから、大事なお母さんを生きているときと同じように、ここに置いていているんだよ。柴田さんは何も知らないね」。

そして、７日間、生前と同じようにお母さまに声をかけ、お食事やお茶をご一緒に召し上がっていました。この７日間を共に暮らすことによって、旅立った人の命そのものを家族は受け取るのです。

初七日はそういう大事な期間です。ですからこの期間は、その方の生前お好きだったものを一緒に食べてください。たとえば、煮魚がお好きだったら、料理をした直後の香りがある間、お供えします。彼らは香りを召し上がるのです。お線香にもそういう意味があります。

私は、毎朝、仏壇に手を合わせるとき、母が好きだった白檀のお線香をたいて、母に話しかけます。

故人の好物は、ご家族も一緒に食べられると喜ばれるかと思います。紅茶が好きだったのであれば、生きていたときと同じようにその方の分も用意して、「お茶を飲みましょう」と呼びかけてください。そして、生前してくださったことをお話しします。「こんなことがあったよね、ありがとう」といって。それを自分自身に落とし込んでいくのです。

初七日の次は四十九日が仏教的な祀り事です。

お父さまを抱きしめて看取った娘さんから、このようなご相談を受けたことがあります。

「柴田さん、父と一緒にいたくて、初七日を過ぎても自宅に帰れないのです。でも、家に帰らなくては。どうしたら良いでしょうか？」と。

私は、「お父さまのお写真と一緒にお帰りください。そして四十九日までお父さまと一緒にお茶を飲み、話しかけてください」と答えました。

故人はエネルギー体になっているので、折にふれて呼びかけてあげてください。お名前を呼ぶと、そばにいらっしゃいます。ゆっくりと時間をかけて寄り添うのは、看取りのときだけでなく、看取った後も同じなのだと思います。

「喪に服す」という言葉があります。近親者が亡くなった場合に、一定期間死を悼み、身を慎むことと言われています。現実の暮らしより、旅立った方に心を寄せることが大切だからです。日本には古くから、そうした文化がありました。

島に暮らしていたとき、初七日、四十九日、一周忌、三回忌、七回忌……と、家族や親族がたくさん集まり、故人との思い出を語り合いました。こうしてご縁のつながりの中で旅立った人々を偲び、語ることで、日本人は古くから命の受け取り方を習得し、それを文化として伝え受け継いできたのです。日本人は古くから、連綿とつながってきた命を重視してきたのです。それは、仏教、神道以前の、日本人に育まれた精神性だと思います。

◆第8章

看取り士たちの声

映画『みとりし』はなぜ未完成？

映画『みとりし』の中では4人の看取り士が登場します。その4人ともが私自身です。

榎木孝明さん演じる柴久生。

村上ほのかさん演じる新人看取り士の高村みのり。村上ほのかさんは1200人のオーディションから選ばれました。若い方々が看取り士という名前を知ってくださったオーディションに私は感謝しています。

この映画は実際に私が体験したことを映像にしてくださったのですが、映像の中でヘルパー業務をしていたシーンを撮り直しできなかったのは残念でした。というのも随分前から、介護のお仕事はすべてお断りしているからです。

映画制作の現場には私も時間が許す限り立ち会っていました。しかし全てのシーンに立ち会うことはできませんでした。

嶋田プロデューサーや監督には制作に入る前に何度もお話しをしたつもりでしたが、看取り士の役割が正確に伝わらないまま制作が進んでしまったのです。私の説明不足もあったと反省しています。

新しい時代に向けて新しい愛の時間の提案を私たちはしています。初めて立ち会わせていただいた映画制作の現場はとても暖かい春風の中にいるかのようでした。それは監督はじめスタッフの皆様の真心のおかげです。若いお母様を看取る山本康平役の藤重政孝さんの演技は迫真に迫りカメラ越しに覗く監督、私たち誰もが涙を抑えることが出来ませんでした。素晴らしい作品が出来上がることを実感した瞬間でもありました。でもこの映画は未完成です。

「命はバトンリレー」という意味で、それぞれの人生に完成はなく、エンドレスと私は思っています。ですからその意味において、この映画も未完成（エンドレス）なのです。読者の方々にはそのことをご理解の上で、自らの中にある死生観を高めていくために、ご家族の皆様と劇場に足を運んでいただきましたら嬉しい限りです。

自主上映会も全国各地で開いていきますので、劇場で観られなかった方は、こちらに足をお運びください。そして、皆様ご自身が、この未完成の映画で想像を膨らませながら、皆様の中で完結させてくださることと信じています。

看取り士たちの生の声

映画のシーンの中で新人看取り士の高村みのりは、いつも物悲しく浮かない表情をしています。彼女の人生の中で抱えたトラウマがそうさせているのですが、ある看取りをきっかけに固い表情が柔らかくなり、看取り士としての自覚を深めていきます。それは観てのお楽しみということで、この章では実際に看取り士になった人の生の声を何人かご紹介します。

第1章で述べたように、2017年にカナダで「看取り士養成講座イン・カナダ」が実現したころ、看取り士は350人になっていました。あれから2年後の現在、看取り士の人数は550人以上に増えています。平成から令和に変わった今年、「看取り士養成講座」の在り方を大きく変更しましたので、向こう1年間でおそらく1000人以上になっていることでしょう。

看取り士の約8割が看護士・介護士ということも前に書きました。では、彼女たちはどんな動機で看取り士になったのでしょうか。『マザーテレサ　夢の祈り』に原稿を寄せてもらった20人の看取り士の中から何人かの声を紹介します。

まず、青森で看護師をされている野田純美さんの声です。

——私は職業としても、個人としてもいくつもの死と向き合ってきました。

私が看取り士になった後に関わった死の場面はとても明るいものに変わりました。以前は神妙な面持ちでいなければ失礼な雰囲気がありました。また、故人をしのぶ時間などもなく、息を引き取ったあとはこの世に存在してくださったことに対する感謝の気持ちもわき起こる時間もなく、ただただルーチンワークとして御遺体の処置をしてきたような気がします。まして、今のように看取らせていただいた、という感情ではなく、出来れば避けたい場面として捉えていました。

しかし、なぜか私は若い頃から死の場面との遭遇が多くありました。今では私は皆様に選ばれしものとして有り難く、看取りの場面に立ちあわせていただいています。

最近は大切な親の看取りをしない子どもが増えています。私が所属するクリニックでは、看取りの場面には可能な限りそばにいていただくことを条件としています。

高齢男性で老衰状態の方が看取りの時期となりました。夜、御家族に連絡をとると「自分がそばにいてもどうせ何もできない。息を引き取ってからの連絡でも後悔しない」という返事でした。傍切れた電話を再度かけなおし、何もできないからという御家族に「できることはただひとつ。傍にいることです。それが最大のできることです」と話すとすぐにかけつけてくださいました。それから間もなく呼吸停止。まるで御家族の到着を待っていたかのようでした。静かに眠るように。

「葬儀屋さんは明日の朝に呼びましょう。それまではゆっくりとお父様と同じ部屋でおやすみになってください」と話すと、隣り合わせのベッドで朝までおやすみになられました。

朝、訪室すると御家族から「何十年ぶりかな。父親と寝たのは」と嬉しそうな表情をみたときに、看取りをしていただくことは家族再生であるとも感じた瞬間でした。

看取り士にとって「家族再生」の姿を見られることは本当にうれしいこと。それはまさに「命のバトンリレー」です。

介護福祉士として病院に勤務する河口美子さんも、祖父から孫に伝えられる「命のバトンリレー」について次のように書いています。

――Bさんは、全介助で誤嚥性肺炎を繰り返していた。今回も厳しい状況で、家族や私達も奇跡を信じていたが、朝方に死亡が確認された。息子さんや奥さんは「これでやっと楽にしてあげられる」と死を受け入れている様子であったが、お孫さんだけが怯えた様子で医師の話を聞いていた。お孫さんの怯える姿が前回のAさんの娘さんと重なり、私はAさんを看取った時の気持ちが蘇ってきた。

Bさんの看取りでは、Aさんへの思いを胸に、最期の場に臨ませていただく覚悟を持って心の準備をした。看取り学の教えである、自分の呼吸を整え、心を無にして謙虚に当事者意識に立つ、それだけに集中し「やさしく、やさしく、やさしく」と何度も心に唱えた。

ベッドに横になっているBさんの顔は黄緑色だったが、穏やかで優しい表情をしていた。私はBさんを感じたいと思い、魂と交流する気持ちで抱きしめ、体全体の温度を肌で感じた。Bさんの温かさに触れた時、意識と関係なくなぜか涙が溢れた。

その時、部屋の入口付近に立っている怯えた様子のお孫さんと目が合った。私は何かに導かれる様にお孫さんに、そっと近づき背中をやさしくさすりながら、「おじいちゃんの魂はここにいます。おじいちゃんはとても温かいですよ」と言いながらBさんのもとへいざなっていた。お孫さんは、私の手を拒むことはなかった。私は、お孫さんの手をBさんの背中に入れると、お孫さんは触れながら何度も頷き、「おじいちゃん、温かい」と呟き号泣した。

さっきまでの怯えた表情は消えて、優しい表情で涙を流しながらBさんの頭を何度も何度も撫でていた。まるでBさんの魂がお孫さんに届いたようにも感じられた。その姿に導かれるように奥さんや息子さんも体に触り始めた。

それから間もなく死亡の知らせを聞いた兄妹や縁ある人々、総勢15名で病室はいっぱいになった。

初めは触れることに躊躇していた方も、1人が触り出すと不思議と次々に連鎖が始まった。手を握る人、足を擦る人、頭を撫でる人、頬を撫でる人。Bさんを囲み、泣く人、笑う人、Bさんの思いを巡らせて話に花を咲かせていた。それぞれがBさんの温もりに包まれ、魂の交流をしているように思えた。Bさんの魂と縁ある人々が交流することで、1つになり愛に溢れている様子が尊いと感じた。そんな傍らで、この場面に立ち会える私は、ただ有り難くて感謝の気持ちしかなかった。

看取りとは、看取った方の命そのものを感じ、慈愛に包まれる時間です。だから、河口美子さんもここに記しているように、「ただ有り難くて感謝の気持ちしかなかった」という慈愛にふれる体験をするのです。

我が子の死で大きな愛の気づき

正確に数えたわけではありませんが、おそらく私はこれまで２０００回以上の講演を行っています。研修会での講演なども合わせると、４０００回を超えているかもしれません。その講演でも研修でも、何度も繰り返し言っていることがあります。

看取りとは何かと一言で言うなら、「愛を伝えること」だということです。これさえ心の底から納得できたなら誰でも看取り士になることができるのです。

前にも書きましたが、愛を伝えるには、まず自分自身を愛さなくてはいけません。誰しも人間は完璧な人にはなれませんから、ときには自己嫌悪に陥ったり、人を羨んだりすることもあるかもしれませんが、看取りの場面では全ての人が「許し」と「愛」を心の底から体験します。

次女を亡くしたことで大きな愛の気づきを得た看護師の清水直美さんはこのように書いています。

娘の旅立ちのあとさらに、人を皆愛おしく思えるようになりました。誰もが、奇跡の存在であり、さらに出会いはその上に成り立っているということを感じると、そう思えるのでした。そして、その奇跡を思い切り大切に過ごしていこうと自分に目標を立てたのでした。

人は今を生き、そして確実に死にます。「生」と「死」の場面に何が起きているかを知る事で、不安や恐怖を感じずに、自分らしさをもって日々を暮らすことに繋がっていくと私は感じています。

看取り士になり、私は何か特別な事をお伝え出来る訳ではありません。ただただ寄り添い、看取りの場面にある事実に目を向け、そのことを受け止めるサポートが出来ればと考えています。「生」の場面にも「死」の場面にもそこにはいつも愛があるという事をお伝えしていきたいのです。

直美さんは2017年から東京研修所の代表として看取りの場に駆けつけ、看取り士の研修・養成に活動されています。いつも明るくて前向きな彼女の行動力は驚くばかりで、私は随分彼女に助けられています。

次に直美さんの『看取り士日記』の中から、「命に向き合う」という一節をここに紹介します。

寒風の中、椿の花が凛と咲き、潔く生きよと教える。

旅立ちの10日前、一人暮らしのアパートで岩崎和夫さん（66歳）は倒れていた。

すぐに救急車で搬送、緊急入院。看取り士の派遣依頼を受ける。救急外来で告げられた医師からの言葉は、余命数日という残酷な宣言だった。

「自分がそばに寄り添ってあげたい。でも介護が必要な家族がいるから、自分の代わりにできるだけ看取り士さんにそばに寄り添って欲しい。そして、安らかに死を受け入れられるように、働きかけて欲しい」と、妹様からの依頼だった。

和夫さんはご自身の体調が良くならない不安、病院側の対応への不満などを訴えていた。しかし、日が経つにつれ、ご自身の肉体の限界を受け止めざるを得ず、そばに寄り添う私やエンゼルチームの皆様に、徐々にご自身の気持ちを打ち明けてくださる。

10日が過ぎた朝、妹様から急変したとの知らせを受けて病室に向かう。声がけをすると、ぎゅーっと強く手を握り返して下さる。呼吸は明らかに変化を見せ、旅立ちが近いことを示していた。

妹様は膝枕をして、和夫さんを抱かれ、頭をやさしく撫でられる。

「頑張ったね。よく頑張った。思い通りの人生だったよね。最期の最期まで自分らしいね」

妹様の膝にしばらく抱かれ、穏やかな時間が流れた。無言で語り合うお2人の姿は、ひとつになり永遠のものに見えた。

妹様が病室を出られてから1時間後。呼吸がさらに変化し、心電図では脈が乱れ、反応がなくなった。妹様に電話をし、受話器を耳元に置いて、最期の最期まで和夫さんに声をかけてもらう。

「大丈夫だよ。安心して。お父さんにもお母さんにも迎えに来てもらうように頼んだから。よく頑張ったね。ありがとう。もういいよ」

その声はしっかり届いていた。

心電図ではもうゼロという数字が表示されていたが、両手をすーっと挙げて、ガッツポーズの動きと、子供のような笑顔を最期に見せて下さる。あとから駆けつけた弟様にも、しっかり腕に抱いていただく。

最期の最期まで自分らしく生ききった和夫さん。そして最期まで一緒に命に向き合い、ただただ愛を届ける姿勢を学ばせていただいた皆様に感謝、合掌。

（担当看取り士　清水直美）。

我を捨てる――「はい」という素直な心

「言うが易し行うは難し」というように、「愛」を言葉だけでなく行動で示していくことは簡単なことではありません。そこで看取り士の研修においては、素直な心になることを重視しています。

九州で看取り士の活動をしている大橋尚生さんは『マザーテレサ　夢の祈り』に、次のように書いています。

看取り学講座初級コースの一番初めに伝えてあることは、「はい」という素直な返事です。「はい」と返事をする。日常の暮らしの中にどれだけそんな場面があるでしょうか。そして、どれだけできているでしょうか。

日本教育の師父と言われる森信三先生は、この「はい」という一語によって、その人は「我」を捨てると仰られています。森先生は、登校拒否の中学生をがいて困り抜いていたお母さんから相談を受けられた。その解決法は1つあるだけだと。それは明日からあなたがご主人によく通る声で「はい」と返事されることですと、お伝えになった。その人はその通りに実践されたのでしょう。その子どもはその後11日目にはもう登校しだしたそうです。「はい」という言葉が本当に言えたら、非行少年だって徐々に変わってくると。

いかがでしょうか。日常の暮らしの中、夫から、妻から呼ばれた時、子どもたちから呼ばれた時、上司、部下、「はい」という素直な返事をするのにどちらが上とか下とかは関係ないのです。「はい」という素直な返事が「我」を捨てる。その返事は相手を喜ばせ、その人自身の心の扉を開けるのです。

大橋尚生さんは元バリバリの企業戦士でしたが、私の講演を聞いたことがきっかけで会社を辞めて看取り士の道へ。奥さんの理解もあったとはいえ、まだ小さなお子さん6人を育てながら、長崎研修所の所長として八面六臂の活躍です（最近は新たに始めた老人ホームの運営に多忙のようですが）。

ここで大橋さんが言うように、明るく素直な姿勢も看取り士としての大事な心掛けです。

日本看取り士会では、私がつくった言葉のカレンダーの１つ（標語）を、会社の社訓、家庭の家訓のようなものとして、とても大事にしています。

【「はい」という素直な心】

上司への「はい」
お客様への「はい」
全て「はい」がスタートラインです。
心の背筋を伸ばし、心の扉を開けて
竹を割ったような「はい」
その返事は相手を喜ばせ、
あなた自身が心の扉を開けます。

人生の修行と感謝の循環

私は毎朝、祈りを欠かさず続けています。人はよく「忙しかった」という理由で何かを止めたりしますが、私にとって祈りは日々の暮らしそのものです。祈ることで毎朝生まれ変わった気持ちになるばかりでなく、「人生の修行」とも言えるかもしれません。

カナダで看取り士になったアダメック・一美さんは、「看取り学」を人生の修行だと、はっきりこう書いています（『マザーテレサ　夢の祈り』より一部）。

――看取り学は、悟りの手ほどきにも似ています。看取り士として生きることは、人生の修行の一側面ですね。毎日毎日の生活を充実させることから始めないと、美しい所作など咄嗟に出てきません。

大切なことは自分の周りに目を向けると、ちゃんとそこに用意してくれてあります。そうして、やらなければいけないのに避けてきてしまったことは、クリアできるまで何度も巡ってきます。うまいことできているんですよね。まだまだ身の回りの整理に翻弄されている状態ではありますが、「はいと言う素直な心」を念頭に置き、胎内体感で身についた父母の慈愛の中に身を置いていれば、私に必要なことが訪れてくることをすでに知っております。
笑顔が自然に出てくるように、無理をしないで進んでいこう、そんな自然体で過ごせるのも、大きな変化です。流れに素直になろうと心がけると、気負いが大幅に減っていくといった感じでしょうか。さあ、このカナダにおいて、どういう形で看取りを推進していくのかな。起こることを見据えながら、関わりあってくださる人たちと、少しづつ形にしていけたらいいなと、そんな風に思っております。

同じくカナダで看取り士になったピーターソン・めぐみさんは、「より多くの感謝を循環させられるようになる」ことだと書いています。

——頭で考えるより体感と直感が大事です。残っていた「大切なことをお伝えできていなかった」という小さな喉元の骨は、日々の営みの中で外していくしかありません。看取りの作法とあり方を学んだおかげで、大切な瞬間、「今」を、力まずありのままに受け取り感じるようになりました。今が全て、です。出来事は、起こるようにして起こりますし、必要な時に必要な全てが、在るのです。だから、今もこれからも、最期も、その後も、大丈夫。
現在はカナダ在住です。文化の違い、習慣の違いがかなりあり、それでも、死に向かう人の思

カナダ研修（2017年）。一美さんとめぐみさん（右）

いに国籍も人種もないことを、個人セッションを通して実感してきました。つい先日も、初めてセッションを受けに来てくださった欧州の方が、「最近死を思う。1人で死ぬかもしれないことが怖い」とおっしゃっていました。家族を看取る準備や心持ち、独り身であれば自分の痕跡をどんな風に残し、ぬぐっていくかの準備や覚悟。元気な時、心穏やかな時でなければ、このようなことを考えることはできません。これもまた、Sさんの看取りを通して、よくよく実感したことでした。

　カナダでの看取り士活動はまだまだこれからですが、個人的なレベルでは、異国にいても日本の家族を看取ることができると信じて疑いません。

　看取り士のなんたるかを知って、自分の在り方を見直す機会を得ました。あの世へ旅立つ方とのご縁がかけがえのないもので、永遠の命とはこういうことかと理解しました。穏やかな心構えと作法も身につきました。

　尊い方の尊い場に、尊い自分で存在できるか。日頃から磨いている、感性と悦びがあるか。聖人君子になろうというのではありません。ありのままの自分を生き切るその間に、より多くの感謝を循環させられるようになるのが、看取り士であることの醍醐味なのです。

このように看取り士になった方たちの動機はさまざまですが、共通していることは、確かな死生観をもってこの世の生を全うしようとする生き方です。

自分を生まれ変わらせる「胎内体感」

看取り士になることは、たしかに人生の修行の側面がありますし、「胎内体験」は感性を磨く技法のひとつです。

自分の人生の思い出の書き換えを、上手にできるようになるのに、胎内体感の体験がとても役にたちます。胎内体感では、母親の思いを共感できます。慈愛を受けとる体験ができ、自分自身が慈愛を持って生まれてきた記憶を思い出すこともできるのです。

赤ちゃんというのは万能な可能性を持っています。胎内体感での感覚はそんな本来の自分を思い出す機会になります。そして、感謝の気持ちでいっぱいになります。

多くの人たちに支えられてきたことにも気付きます。自分が大切にして育てられたという事実に気づき、自己嫌悪の感情がある人はそこから解放されて、前向きな明るい自己肯定感を高めることになります。そのことがなぜ重要なのかということは、もうおわかりかと思います。そうです、人を愛するためには先ず自分自身を愛することが始まりだからです。

そうなると、今までの固定観念となっていた過去の記憶からのマイナスの感情を手放し、まっさらな状態で今の状況を観察し、今の自分自身の感情や、今その場にいる人の感情なども認めていけるようになります。今を大切に、そばにいる人たちを大切にしていくことが可能になっていきます。このような学びを終えた看取り士は、自分をゼロにもどし、今の状況を客観的に捉え、関わる人たちを認め、そこに平穏な場をつくります。大切な人の旅立ちという非日常の時に、呼吸を整え、真摯に旅立つ人と家族に向き合い受け入れます。

私は、看取り士になった時に、生きながらにして、生まれ変われると知りました。今までの人生で、たくさんの失敗をしましたし、至らないところがたくさんありますが、日々、生まれ変わって、今を大切にやり直していけるのです。すでに亡くなられた人とも、自分自身が制限をしなければ、自分の中で交流し、向き合い、共に成長できるようになれます。

看取り士という仕事をするかどうかは別として、今、ここに存在していることを素直に喜べる、胎内体感の体験は自分自身のための素晴らしい人生のステップアップとなり、学びになることを確信しております。

北海道で看取り士として活躍する団塊世代の平田久夫さんは「胎内体験」をこのように綴ってい

ます。

――私自身、自分の存在は当然当たり前に存在しているような錯覚で生きてきましたし、また多くの人も、自分の存在はそのようにとらえて生きているのではないかと思っています。

カナダ研修（2017年）

この奇跡を胎内体験中に、すべては宇宙愛であることを気付かさせてくれ、全ての人々も同様に大宇宙愛のこの世に生まれてきている。奇跡の私は到底表しきれない感謝エネルギーを次世代に手渡し、お役に立てられると思うと将来に対して明るい見通しが立ち、私自身嬉しく楽しく生きていけるような気持ちになります。

この命のエネルギー手渡し（命のバトン）は、日本看取り士会のトップ、柴田久美子が数十年前から看取りを通して逝かれた方が身体を使って教えてくれた尊い作法を自分のものとはせずに、一人でも多くの人に伝えたいと、「看取り学」という学問まで高めて伝えております。

世の中、数々の修業あり、悟りの道あれど、この道こそが「今」にあう短時間登頂の近道かと自負しております。

私たちが人生の中で学び身に付けた知識、技術全てを、次の世代へ伝授して逝くのが今を生きる者の責務ではないかと思っております。

死ぬのが恐くなくなる「看取り学」

現在、５５０人以上になっている看取り士の方たちは、みなさん素晴らしい感性の持ち主で、私が学ぶこともたくさんあります。それぞれの「生の声」をここでお伝えすることはできませんが、最後に、母親を看取るために看取り士になった高原ふさ子さんの声を紹介します。

――看取り学を知っていて良かったと思うことは、呼吸の変化など、人が死に至る身体的過程をだいたい把握していたことです。

家で看取りたいと覚悟は決めていても、医療従事者でもなく、死が身近なものでなかった私は具体的な流れをずっと知りたかったのです。苦しく見えても、実際の状態が分かっていたので、慌てることなく平常心で全てを母に委ね任せることが出来ました。

病院では心肺停止後、モニターがフラットになったらご臨終と言われ、死亡確認、エンジェルケアなどのその後の処置が効率的に行われます。霊安室か、あるいは葬儀場の安置室への移動手配を催促され、悲しむ間もなく慌ただしい流れになりますが、息をひきとってからが本当のお別れとわかっていたので、十分に心ゆくまで最期の時を持つ事ができました。

何より、死は忌み嫌う怖いものではなく、大切な生の一部であるという死生観をもって、看取りに臨めたことが何よりありがたかったです。

看取り士になる・ならないは別として、死は忌み嫌う怖いものではなく、大切な生の一部であるという「死生観」をもつことが大事なのです。人生のゴールは死であり、同時にスタート（バトンリレー）でもあるからです。

そう思えば「死ぬことは決して恐い」ことではなく、「死と人生」の学びの場として「看取り学」というカリキュラムを広めていくことが、やさしい社会を築いていくことになると、私は確信しています。

この私の思いを後押しするかのように、経済産業省の藤和彦さん（経済研究所の上席研究員）は常々私にこんなことを言われます。

「看取り士の潜在的需要を掘り起こせば、課題となっている看取り士に関するビジネスモデルを確立することができ、『望ましい死』という概念を広めることができるのではないでしょうか」

藤さんはつい最近『母性資本主義のすすめ』という本を、本書と同じミネルヴァ書房から上梓しています。その発想の1つのきっかけは、「男性にも看取りで魂の受け渡しを経験して母性を育んでほしい」という私の言葉だったそうです。

私はこれまで看取り学を広めようと懸命に走ってきましたが、これからは藤さんが言われるように「ビジネスモデル」という視点からも真剣に考えていく時なのかもしれません。

◆第9章

やさしく、やさしく、やさしく

看取りの際の「4つの質問」

私の「言葉のカレンダー」に〝家〟への思いを込めた言葉があります。

【ただいま　おかえり】
あなたも私も仕事が終われば家に帰ります。
それと同じように人生と言う仕事が終わる時、
病院では無く住み慣れた家に帰ります。

看取り士研修の現場で徹底して伝えている「4つの質問」があります。旅立ち前にご本人に希望を確認するのです。
それは、
①「どこで暮らしたいですか？」
②「誰と暮らしたいですか？」

③「どういう医療を希望されますか?」
④「今、何かお困りのことはありますか?」
ということです。

ご本人が一番希望されることを事前に伺い、その方の望むように、残された人生の時間を心穏やかに過ごしてもらうためです。たとえ病院で最期を看取ることになっても、愛する人の支えの中で医療を自由に選択して最期を迎えることこそ幸せな最期です。

①どこで暮らしたいですか?
多くの方が自宅で迎えたいと言います。中には病院で、ホスピスで、高齢者施設で、などの返答もあるでしょう。旅立つご本人が希望される場所が理想的です。

②誰と暮らしたいですか?
誰と最期の時間を過ごしたいかは、最も大切な質問です。ご家族と答えることもあれば、かわいがっているペットと答える方もいらっしゃるでしょう。実際、独居の方が愛猫たちに囲まれて穏やかに亡くなったケースもあります。

③どういう医療を希望されますか？

幸齢者の方だと、延命治療はやめてほしいという方もいらっしゃいますし、末期がんの患者さんだと、きつい治療はせずに自宅で穏やかに過ごしたいとおっしゃる方もいます。一方で、この期日まではどうしても生きていたいから延命を図りたいと願う人もいるでしょう。ご本人が胃ろうや点滴など、延命治療をご希望されるかどうかを、きちんと把握しておくことはとても大切なことです。

④今、何かお困りのことはありますか？

旅立たれる方の中には、死ぬと自分はどうなるのか不安になる人や、自分がいなくなった後の家族や周りの人のことを心配している人がほとんどです。〝おひとり様〟の場合、一番多い困り事はお墓の問題です。悔いのない旅立ちをサポートするためにも、ご本人が気になっていることをお伺いし、心配事や問題を解決していくことが大切です。

看取り士を活用する方法

看取り士は、旅立ちに関係するすべての方の負担を軽くするために現場に入ることを前提としています。たとえば、入院中の方が「最期は家で」とご希望され、そのご家族からご相談を受けたとします。私たち看取り士は依頼者の元に出向き、必要があれば病院を訪れ、依頼者（たいていの場合はご家族）とご本人に面会し、皆さんの意向を伺います。

そしてご自宅に戻られたら、在宅医、訪問看護師、訪問介護士、ケアマネジャーを紹介していただきます。帰宅後、ケアマネジャーをご自宅に呼んでいただき、私たち看取り士についてご説明申し上げ、ご本人、ご家族、ケアマネジャーとの調整を行います。

その際、ご家族の負担が軽くなるよう、訪問看護師、訪問介護士など、医療介護制度をフル活用していただくことをお勧めしています。

看取り士がお伺いするのは、依頼を受けて最初にご説明に上がるときと、旅立ちの前後です。呼吸が乱れ始めたころにご連絡をいただければ、駆けつけます。看取り士の費用は1時間八千円です（2019年現在）。保険は適用されませんので高額に思われるかもしれませんが、実際に看取り士が介在するのは、最初の面談の2時間、旅立ちの10時間ほどと、ご依頼をいただいたときです。それ以外の時間は、「エンゼルチーム」がボランティアの形態でサポートいたします。

お産に助産師が必要なように、暮らしの中で看取りをする経験が少なくなった現代社会の中で、看取り士はその最期のとき、〝助死士〟のように寄り添う存在だと思ってもらえばよいでしょうか。旅立たれる方は、死に対する不安、恐怖、孤独と向き合っています。そのときに、そばに寄り添うことで安心していただける存在であるよう、看取り士も、日々精進しています。

あるお母さまの最期のとき、娘さんは母親のベッドに上がり、母親を両手に抱いて看取られました。ご家族みんながお体をさすりながら、「お母さん、ありがとう」と涙する中で、お母さまは人生を完成されました。穏やかで安らかな旅立ちでした。

娘さんが後に、私にお話ししてくださったことで、こんなことがありました。

「母は亡くなる前、死の恐怖がなくなったと言い、とても穏やかでした。その日まで心の行き場がなくて、死の恐怖におびえていたのです。私も母と同じでした。母が夜眠っている間に逝ったらどうしようと眠れない日々でした。でも柴田さんに『普段通りの暮らしをすることが、お母さまの望みです。寝てください』と言われたことで、その夜から眠れるようになりました」と言ってくださいました。

ご家族は普通、旅立つ人のために最善を尽くそうとし、そのため、心身ともに疲れ果ててしまいますが、逝く人は愛するご家族にそのようなことは望んでいません。看取り士のちょっとしたアドバイスで、大変な看取りの現場を乗り切ることができることもあります。

もう一つ、印象的だった看取りの例を紹介しましょう。

山川典子さん（50代）からご連絡をいただきました。彼女の叔母さま、みさえさんの看取りを典子さんがされたのです。

「○月×日、朝5時40分、叔母が旅立ちました。血圧が安定せず、酸素も最大に入っていました。尿の出も悪く、足にむくみが出て、祈る思いで毎日付き添いました。『大丈夫、大丈夫、ずっと一緒にいるからね……』。体をさすりながら、こう話しかけました。私の言葉が聞こえたのか、何度か首を動かしてくれて、ちゃんと聞こえてるんだと感じました。

叔母の痩せた体をさすりながら、涙が止まりませんでした。『叔母さん、私がいるから独りじゃないよ。一緒にいるからね。ただただ、そう話しかけ、祈りました。叔母の呼吸の感覚がだんだん遅くなり、生き切る姿を見せてもらい、『生まれてきてくれて、ありがとう』と、感謝でいっぱいになりました。

呼吸が止まり、温かい体を抱いて、『ありがとう』と何度も何度も言いました。目で見るもの、耳で聞こえるもの、匂い、体で感じるすべてが心地よく、幸せな気持ちになりました。今も、これからも、ずっとずっと私の心の中に叔母がいてくれている。感謝の循環です」。

典子さんは叔母さまの命のバトンリレーをされて「感謝の循環」を強く感じられたのです。幸せに生きるということは、感謝の循環に他なりません。

看取りの作法

悲しみに涙を流す瞬間　進む道を見失う
一人では生きられない　愛する人の笑顔に出逢い
許すことが生きる意味　そして　自由
この世に生まれた瞬間《とき》
すべての人が手に握る
天国行きの切符　旅立つ人はみんな神様
それが生きる意味　そして　希望
やさしく　やさしく　やさしく　ありがとう

看取りの作法は、そんなに難しいことではありません。「やさしく　やさしく　やさしく　ありがとう」の気持ちさえあれば十分です。

大切なポイントは次の４点です。
１、ゆっくりした呼吸で旅立つ方に合わせる

2、「大丈夫です」とやさしく声をかける
3、「ふれる、抱く」
4、臨終で終わるのではなく、背中が冷たくなるまでご家族に抱き続けていただく

旅立ちを前にした方のそばに寄り添う際は、こちら側の気持ちを整えます。深い呼吸を何度か繰り返し、心を静めます。

旅立つ方のいらっしゃる空間に入ったら、常にゆっくりとした呼吸を心がけます。そして、その方の呼吸のペースに合わせます。

お体にやさしくふれながら、ご希望をお伺いします。

看取りに大切なのは、「傾聴」「反復」「沈黙」「ふれ合い」です。死の前には誰もが無力です。それは当然のこと。

そして、自分が無力であることを腹の底に持ち続けます。自分に何かできるなんて、とんでもない傲慢です。何か特別なことをしようとする必要はありません。そもそも、無力な私たちにできることなんて、何もありませんから。

死を受け入れる前は、人は寂しさや悲しさ、無念な想いなど、さまざまな感情が湧くものです。その感情を私たちが理解しようとしても難しいこと。これは、旅立つ人たちしか経験できないものなので

す。

それでも看取る側は、理解したいと願い、「少しでも精神的な支えになりたい」と寄り添います。最善を尽くすためにも、ご本人のご希望をまず聞いておきます。看取りでは、彼らの言うこと、希望することはすべて肯定するのが大切です。ご本人と一緒にいる間、何かおっしゃられたら、その言葉を受け入れて、肯定する形で言葉を返します。

たとえば、「体がだるいわ」とおっしゃられたら、その方の目線に合わせた位置からお体にそっとふれて、「お体がだるいのですね」とやさしく繰り返します。

何もおっしゃらないときは、こちらも何も話す必要はありません。死を前にした方々に対して、必要なのは言葉ではなく、その方の呼吸のリズムに合わせて、こちらも静かに呼吸をする「呼吸合わせ」だけです。呼吸が合うと、相手は安心感を抱くことができます。心を落ち着けて呼吸合わせを続けていると、その空間の空気が変わってきます。ただ、その方と呼吸を合わせることに集中します。

そして、「ふれる」「抱く」という動作が入ることで、愛のエネルギーを循環することができるようになります。昔から治療のことを「手当て」と言うように、体に手を当てる行為には不思議な力があります。何も言わなくても、ただそっと手にふれるだけで、温かい気持ち、穏やかな気持ち、安心した気持ちが伝わります。肌にふれることは、皮膚にある触覚の受容体が刺激され、脳の視床下部からオキシトシンが分泌し、安心感をもたらすことが、科学的にも証明されています。ふれるという行為には、実はすごい癒しの効果があるのです。

医療や介護の従事者でない限り、人の死に頻繁に立ち会うようなことはありません。そういう状況に立ったとき、平常心を保つことは難しいものです。

過去に、幸齢者の母親を介護している娘さんから、どうしたら平常心でいられるかと問われたことがあります。長年にわたってライフワークにしている「看取り士日記」に残してあるので、ご紹介します。

97歳の幸齢者さまのお宅を訪問する。寝たきりで言葉を話せない幸齢者さまの静かな寝息にホッとする私だ。唯一の介護者の娘さんが、「まだ私は介護をして初心者マークが取れないの」と笑顔で話される。そのお顔にはもう1年を迎える在宅での暮らしの満足感と自信が浮かんでいる。

「柴田さん、どうすればいつも平常心で暮らせますか?」と娘さんが私に聞く。

「こうして言葉もなく、静かにお母さまと呼吸を合わせて、穏やかに生きることを教えていただくのです」と答える。母親の命を引き受けて生きる彼女の思いは、話を進めていくうちに、その命の重みに耐えかねているようで、彼女の心の揺らぎがうかがえた。

「寒いから」と手袋をされているお母さま。その手袋に娘さんの温かな思いが私にも伝わってくる。人が存在し、そして傍らにいることで言葉でない交流ができることの尊さを体験する。お互いにそこにいるだけで必要なのだと認め合うことの大切さ。静かな時間の中で私は教えていただく。そんな中で、今まで抱きしめてお看取りをさせていただいたたくさんの方々の笑顔が浮かんでくる。2度と会うことができなくても、空を見て、星を見て、その人の笑い声や笑顔を思い出すことができるとき、人はどれほど心が慰められ、生きていく力を与えられることだろう。生きるものは死者によって生かされ、死者はまた生きるものによって生き続けていくことができる。「生と死」そして「死と生」はつながっているのだと思える瞬間だ。

旅立つ直前の魂は、天国と地上（肉体）を行き来し、私たちの魂すら導いてくれます。そのときにそばに添わせてもらうことで、私たちの魂も浄めてもらえるのです。看取りの時間とは、一人ひとりの魂と接する機会が与えられているときなのです。臨終期にある方こそが遺されたものにとっての師であり、私たちはそこから学ばせてもらえます。〝死〟の中にこそ真の〝生〟があるのだと思います。

「大丈夫」という言葉かけの意味

看取り士は、旅立つ人に「大丈夫です」という言葉をよくかけます。この言葉にはさまざまな意味合いが含まれているのですが、大きく分けて2つあります。

①「お迎えが来る」から大丈夫

「お迎えが来る」という話、一度は耳にしたことがないでしょうか。これは迷信ではありません。これまでの経験上、お迎えは母方の親族が来ることが多いようです。母親、祖母、曾祖母、いずれも母親側の女性が最初に訪れます。

私の母が病院で亡くなるとき、私は母に何かあっても「大丈夫」と言い続けました。病院のスタッフにも、「すでに頑張っている母に頑張れとは言わずに、『大丈夫』と声をかけてやってください」と伝えていました。ある日、母は「あなたの言う『大丈夫』が何なのか、わかったわ」と言いました。

「旅立ったおじいちゃん、おばあちゃん（母の両親）がお迎えに来てくれるってわかった。だから大丈夫なのね」と言うのです。その後、母はその通り、祖父と祖母に迎えられて安らかに逝きました。一点の曇りもない安らかな表情でした。

旅立つ人には、このように必ずお迎えが来ます。来てくれるのは、生前その方が愛していた人たちです。その方たちと共に逝く世界は、もうなんの不安もありません。

②「そのときには神仏と同じ力が与えられる」から大丈夫

最期のときが来たときは、旅立たれる方に、「あなたの思うままに願ってください。もうあなたは神仏と同じ力があるの。大丈夫です。お迎えの方と一緒に逝ってください」と声をかけます。そうすると、その方から苦痛は消え、穏やかさがはっきりと伝わってきます。

旅立ちの2日前に出会って、自宅での看取りをお手伝いさせていただいた女性（享年84歳）のお話です。

末期がんの患者さんで、ご家族からの依頼を受けて私が訪ねたときは、すでに10日くらい言葉も発しておられず、点滴をされていました。私は、「初めまして」と言って、手をさすっていました。しばらく反応はありませんでしたが、「お迎えが来ていますか？」と聞きました。すると、その方のまぶたが少しだけ開いたのです。「お迎えが来ていなければ、まだ逝くということはないですよ。大丈夫ですよ。思う通りになりますからね」と伝えました。

すると、ずっと反応のなかったその方が、しっかりと目を開けて「わかりました」と言い、私にお茶を勧めてくださったのです。そこに居合わせた娘さんは大変驚いていました。その方はずっと覚醒をしておらず、うつらうつらの状態が10日以上も続いていたのですから、無理もありません。しかし、ご本人はわかっていたのです。

その方はその翌々日のお昼に旅立たれました。娘さんは、お母さんが息を引き取る直前、「お母さん、今、何を考えている？」と聞いたそうです。すると「葬式の準備をしていた」とのこと。最期にお母さんの頭を抱いて、皆で手を握る中で亡くなられました。それはとてもすてきな最期でした。

兵庫県の、ある特別養護老人ホームでは、開所以来、施設内での看取りを実践されてきました。17年間で168人の看取りを実践しています。「やさしく・ゆったり・よりそって」を基本理念に掲げるこの施設の職員さんの意識は高く、私を勉強会の講師として呼んでくださいました。

以前私が、『ターミナル患者を迎える家族に対する心構えの説明と見送り方』というテーマで講義をしたときのことです。新人の職員さんが、最期が近づいたときのお迎えの話を知らなかったので、改めて説明をしました。「お迎えとは、いよいよ死に近づいたとき、すでに旅立った人々がお迎えに来るということです」と。

私の体験では、抱きしめて看取ったすべての人にお迎えが来ました。皆、目を覚ますとすでに旅立った方々のお名前を出され、「ほんの少し先まで一緒に行ったんだけれど、とても気持ちが良くて」と言われるのです。そして、ほどなくして、穏やかな表情で旅立っていかれます。

講義後、このような質問も受けました。

「普段あまり面会に来ないご親族が最期のときに訪れて、『どうしてもっと生きられなかったのか、医療に問題があったのではないか』と険しい表情で詰め寄られたとき、どうすれば良いのでしょうか」

よく聞く話です。これも解決法があります。

私は「そのご家族にご遺体を抱いていただいてください。すぐには無理でしょうから、皆さんが手を一緒に添えて、抱いてもらってください。そうすれば、すべて解決します」とお答えしました。

マザー・テレサは、「最期の輝きの中こそ、魂のふれ合う場面である」と言われました。理屈ではない、魂の交流が行われるのです。

看取り士とエンゼルチームの連携

戦後から増加した病院死が88パーセントになった今、死と直面したとき、対応に戸惑うのが普通でしょう。「ご家族だけではどうして良いかわからないときは、いつでも看取り士を呼んでください」と申し上げています。

私がこれまでに現場を見て感じていることは、〝ふれる〟という部分が圧倒的に不足していることです。ふれる機会を増やすだけで、互いの間の壁が薄くなり、気持ちが通じ合いやすくなります。「いきなり抱きしめるなんてできない」「恥ずかしい」「照れくさい」という場合は、まずは手にふれる、肩にふれるなど、自分がふれやすいところから始めてみてください。

最期のときをサポートする看取り士と共に、「エンゼルチーム」と呼ばれる無償の見守りボランティアチームがご家族のサポートを務めます。家族がつきっきりでいるのも大変なものです。その意味で、エンゼルチームは看取り士のサポート部隊です。

エンゼルチームのしくみをつくったのは２０１１年のことです。きっかけは、第6章で紹介した里子さんを看取られた息子さんからの電話でした。

「母が病院から家に帰りたがっています。お願いします」

その方とお目にかかるため、私は病院に伺いました。母親は94歳の里子さんです。里子さんはベッドの上から素敵な笑顔を向けられました。初対面の私の手を取ると、

「家に帰りたい。淋しい。ここに寝て」と私をベッドに誘います。そしてこの3つの言葉だけを何度も、何度も、私の手が痛いほどに握り締めたまま繰り返されます。

「ええ、ええ、家に帰りましょう」

里子さんの願いを叶えるため、その日からこの地区のエンゼルチームの方々の呼びかけに走りました。退院のその日までに家族、親族を含めて12人もの協力員の方々の名を記した表を作り上げました。

エンゼルボランティアの内容は、そばにいて手を握る、そしてただ見守ることです。見知らぬ方の最期のために、時間を捧げてくださるボランティアがこんなにもすぐに集まろうとは、最初私自身考えも及びませんでした。

今では無償ボランティアのエンゼルチームさんたちは口々に話しています。

「今までたくさんのボランティアをしました。でも、この協力員ほどに幸せと満足をいただいたことはありません。一対一の関係、しかも私自身の存在をこんなに認められたことが、ただありがたくて」と。

看取り士は有償のため、エンゼルチームは誰もが受け入れられる方法として私が考え出したのですが、今ではエンゼルさんたち自身がこの仕事を喜んでくださっています。いつか自分の親を看取るための練習だとおっしゃる方もいます。ただ見守るだけの行為に生の意味を深く感じとられる方もいます。看取る方、看取られる方がひとつになるありがたい現場です。

エンゼルチームは、ご利用者さまのお住まいの近辺で登録されているエンゼルさんで構成しますが、同時にご家族、親戚、友人、知人からもこのチームに入ってくださる方を募ります。ご家族が疲弊してしまわないよう多くの人数で支えるために考案しましたが、終末期の介護にかかる費用を抑えることにもつながっています。

お一人に対し、エンゼルさん約10入体制でチームは編成されます。また、エンゼルチームの活動は1カ月を期限とします。ご本人が回復されればチームは解消します。

核家族化が進む「この国」では、介護をされるご家族にもサポートが必要です。エンゼルチームは、まさにそういう場合に力を発揮します。ご本人が幸せに旅立つための支え合いの形です。看取り士とエンゼルチームの活用も選択肢の1つです。

旅立たれた後は、葬儀社への対応もします。私たち看取り士は、旅立ちの後の時間もとても大切に考えています。しかし、葬儀社の方はすぐに体にドライアイスを入れようとするのが一般的です。看取り士は、ご家族の最後の時間を大切にしていただけるよう、少なくとも24時間はドライアイスを入れないようお願いします。葬儀社との連携がスムーズに進むよう、潤滑油の役割も担います。

看取りの姿勢

看取りの姿勢は、私も試行錯誤を繰り返しました。一番体に負担がかからず、何時間でも続けていられる姿勢はひざ枕です。看取りは、旅立ちの前から、息を引き取られた後もその方を抱き続けます。

長年、看取りをしている中で、この姿勢にたどり着いたのですが、実は、とても秘めやかな姿勢であると、ノートルダム清心女子大学名誉教授の保江邦夫先生から聞いて驚きました。

保江先生は、稲葉耶季先生との共著『神と人をつなぐ宇宙の大法則─理論物理学vs仏教哲学』（マキノ出版）の中で、「看取り士は自我を取ってあげて、霊魂がさまよわずにすむお手伝いをしているような気がします」と著してくださいました。私もそうだと思っていますし、そうでありたいと強く願っています。

旅立つ人は死を受け入れたころから、エネルギーの放出を始めます。そのエネルギーの放出は、息をお引き取りになってからもしばらく続きます。この間、ご家族の方々にはできる限りお体にふれていただきます。先に述べたように、この「体にふれる」という行為はとても重要な意味があります。エネルギーを受け取るだけでなく、「命のバトンリレー」にもなるのです。日本人はハグする習慣のないせいか、とくに成人男性は両親の体にふれたがりませんが、肉体に直接ふれるということには、それほど重要な意味があるのです。

息を引き取られてからも、その方の魂はしばらくの間は肉体のそばにあります。葬儀社などを急いで呼ばず、その方とたくさんお話しなさってください。葬儀社の方がいることで、家の中の空気が慌ただしくなり、ご家族がお体にふれられなくなってしまいます。ドライアイスを体に当てるのも、ゆっくりでいいです。できれば7日間くらい、ご遺体をご家族のおそばに置いておくといいのですが、今の日本の葬儀のシステムではなかなか難しいところがあります。

看取りの意味を、「臨終まで」と思われているのが現状ですが、映画『みとりし』のシーンでも、この最も大切にしている臨終後の看取り士の役割が描けていないのは時間制限（約1時間半）の関係で止むを得ませんでした。

臨命終時——旅立つ人と呼吸を共有する

看取り学では、「臨命終時」ということを教えます。普段は「臨終」と略されることが多いですが、本来は、「命の終わりの時に臨む」という意味で、ここから家族に命を引き渡す時間という意味です。その時間とは、事切れる瞬間だけを言っているのではなく、その方が旅立つ前から準備を始め、旅立たれてからも、しばらくの間、命の引き継ぎの時間が続きます。そのために最も大切なことの1つに、呼吸があります。

看取りの場では、とにかく旅立つ人に呼吸を合わせ、1つ1つの動作をゆっくりとていねいに行います。周りにどんな方が、どれだけの人数の方がいらっしゃろうとも、これが基本です。

看取りのとき、私は抱きしめてふれ合いながら呼吸を合わせます。40分、50分と合わせているうちに、旅立たれる方の呼吸と私の呼吸が1つになる瞬間が訪れます。呼吸と、ふれるという動作が連動して一体になった感覚――。2人が1つの体になったような感覚は、相手も同じように感じられ、とても心地よく、一切の不安がありません。呼吸を合わせるという行為は、ただそれだけで喜びですし、深い安心感が得られるものなのです。

最初は荒い呼吸でも、次第に呼吸のリズムが共有されてきます。それから、徐々にこちらの呼吸をゆったりした深い呼吸へと戻していきます。ゆるやかな呼吸のリズムが伝わり、やがて、旅立たれる方の呼吸も落ち着いたものになっていきます。

そして、旅立ちのときが訪れます。

お迎えが来るころになると、呼吸が荒く、ゼイゼイと音を立てて呼吸をするようになります。苦しそうに聞こえますが、本人には苦しみはありません。この状態になると、すでに肉体に苦痛を感じることがないのです。しかし、もし、このときに本人が苦しまれて「病院へ」と言えば、病院にお連れしてください。

荒くなった呼吸もやがては収まります。そうしたら、また呼吸を合わせてください。逝く人は、自分の呼吸のリズムが他の人と共有されると、自らの存在を受け入れられているという肯定感が生まれてきます。他の体と同一化するような感覚が起きると、旅立つ人を安らぎの世界に導くことができます。それは、実は、遺される人にとってもとても大切なことなのです。

私が看取り士として活動し始めたころの印象深いエピソードがあります。ある幸齢者の方の看取りの現場でした。依頼を受けてご自宅へ伺うと、玄関先にすごい数の靴が並んでいるのです。中に入ると、親族一同が30人ほど集まっていらっしゃって、さすがに最初は緊張しました。おばあさまは、ふすまも開けっ放しの広い部屋の真ん中に寝ていらっしゃいました。

親族はみんな、看取り士がどんなことをするのかと興味津々に見ているわけです。でも、看取り士がするのは呼吸合わせだけ。少しずつ呼吸合わせをしているうちに、見た目には大きな動きや変化がないためか、徐々にギャラリーはいなくなり、やがて子供たちと長男のお嫁さんだけになりました。彼らにも呼吸合わせをお願いし、呼吸合わせができるようになったら、順番におばあさまを抱いてもらいました。

興味深かったのは、その場に息子さんも娘さんもいたのですが、おばあさまが最期に息を引き取ったのはお嫁さんの腕の中だったことです。実は、この二人、あまり折り合いが良くなかったそうです。嫁姑問題は、よくある話です。そのお姑さんが最後に選んだ場所がお嫁さんの腕の中。お嫁さんは「義母は私に、最後にご褒美をくれました」と涙を流していらっしゃいました。これが、命のバトンリレーです。

「ＱＯＤ（死の質）」を高めるために

私の９冊目の著書『看取り士』（コスモ21、２０１３年）が、２０１９年の５月に台湾で出版されました。そのタイトルは『善終守護師』。そのまま直訳すると「善く終わる人生の守護者」となるのでしょうか。

欧米ではもう20年ほど前から「ＱＯＤ（死の質）が重要である」という考え方が広がっています。「延命治療をやみくもに行うのではなく安らかな最期を実現すべき」ということで、「死の質」が重視されるようになったのです。

英国の「エコノミスト」誌は２０１０年、「緩和ケアのための環境」「人材」「費用」「ケアの質」「地域社会との関わり」という5項目の質と量を調査し、終末期医療、特に緩和ケアの整備状況を数値化して国別のランキングを公表しました。２０１５年にもランキングが発表され、２回とも1位は英国でした。そして2回目には、アジアから台湾だけがベストテン入り（６位）となり、その他のアジアの国ではシンガポールが12位、日本は14位でした。

台湾では「安寧緩和医療条例」というのが2000年に成立する同時期に、修行と経験を積んだ僧侶・臨床宗教師が、病棟や自宅で医療者と協力して看取りに当たっているそうですから、「QOD（死の質）」の評価が高いのも当然かもしれません。

台湾で出版された『看取士』

その台湾で、『善終守護師』を出版してくださった出版社の経営者である梁正中氏には、映画『みとりし』の資金協力もしていただき、この春には、ご家族・社員数名と一緒に看取り士の研修を受けてくださいました。台湾から看取り士が誕生するのは時間の問題ですが、いずれ中国にも看取り士が誕生するかもしれません。

私は看取り士（看取りの文化）を広めることが「社会にやさしさ」を広めることと信じて活動する中で、人と人との不思議なご縁をたくさんいただきました。梁正中氏とのご縁もその一つですが、まさかこんなにも早く海外（台湾）にまで広がるとは思いもしませんでした。しかし台湾の「死の質」のランキングが6位ということを知り、納得もできるのです。

残念ながら日本では「死の質」という概念も一般的には広まっているようには思えません。私はこれまでの自著の中で、尼崎市で長尾クリニックを開業されている長尾和宏先生（日本尊厳死協会・副理事長）をはじめ、鎌田實先生（諏訪中央病院名誉委員長・地域包括ケア研究所所長）ほか、この国の「死の質」の向上に努力されている方々と対談させていただきました。また、講演会や看取りの現場を通じてターミナルケアや地域包括ケアに心血をそそいでおられる専門職の人々とも交流させていただきましたが、「死の質」の前には大きな壁が立ちはだかっているということを再認識せざるをえなかったのです。大きな借金を抱えながら映画『みとりし』の制作に踏み切ったのも、「この国の死の質」を少しでも高められたらという願いがあったからです。

２０４０年にピークを迎えるこの国の超高齢化の多死社会は、歴史から見ても世界的な視点から見ても希有な現象です。言い方を変えれば、この国の「死の質」を高めるための歴史的課題であり、チャンスでもあると言えるでしょう。

日本看取り士会はこれからも、「死の質」の向上に向けて、看取り士養成のしくみも新たにして取り組んでまいります。

子供も幸齢者も集える「ももたろう食堂」の未来

映画制作のこと、講演活動のことなど多忙な日々を送りながら、私も時間の許す限りひとりの看取り士として動きます。でも、いくら時間が足りないからといって、忙しいとは決して言いません。「忙」とは、心を忘れると書くように、あってはならないこと。「忙中閑あり」で、忙しさの中に豊かさを見出し楽しんでいきたいと思う日々です。

「看取りの家」を中心に、大家族のように集える場所を作りたい、そんな思いがずっとありました。振り返ってみると、ご高齢の方から子供たち、若い子育て中のお母さん、そんな方々の力になりたいと思い続けて30年が過ぎていたのです。

いつまでも思っているだけではいけない、今こそ行動に移さなくてはと、昨年（２０１８年）から準備を始めました。

そしてこの春、子供たちをはじめ地域の方々が幸せを感じることのできる場所づくりを目指して、岡山市北区に大人と子供の食堂「ももたろう食堂」を開所しました。

それから数カ月たった現在、近所のご家族の居間がまるで移動したかのように、地域の方々がくつろいでくださる場所になりました。

子供たちは宿題を持って食事をとりに来てくれます。一人暮らしの方々の緊急用の避難場所も造りました。若いお母さんが赤ちゃん連れで来店し、お子さんを地域の方々があやす。そして食堂の中をハイハイしている姿にみんなの笑顔がこぼれます。

そんな光景が日常的になるように、また大人から子供まで孤独が心を占領しないように、「ももたろう食堂」を活用していただければ……、私のささやかな願いは大成功したと言えるでしょう。

この「ももたろう食堂」建設に先立ち、私は夢の未来図（次ページ）を描きました。とくに図の説明はいたしませんが、これをご覧になって「なるほど」と思っていただけましたら幸いです。

ももたろう食堂

この未来構想図（大家族構想・母性で支えるまちづくり）にあるように、5年後には「看取りの家」が食堂に近い徒歩圏内にできることを目指して、やさしく、やさしく、やさしく取り組んで参ります。そしてまた、日本看取り士会の全国の支部や研修所でも同様の動きが広がることを願っています。

これまでもそうだったように、誠心誠意の願いと祈りはかならず実現すると、私は信じてやみません。

大家族構想・母性で支えるまちづくり

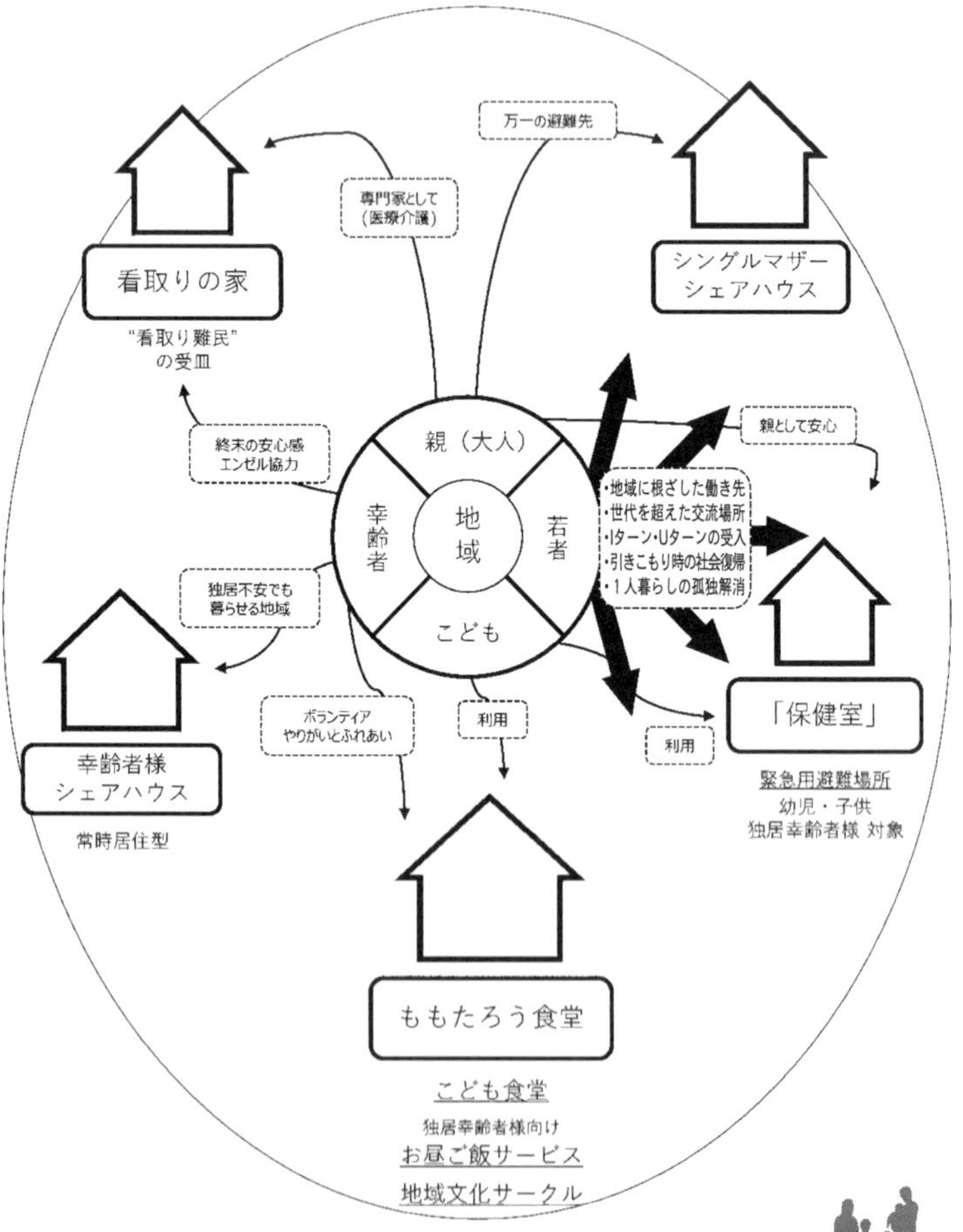

次の世代のために、最後まで安心できる地域を

（出所）一般社団法人なごみの里

拙書・参考図書

『介護日記　私の出会った観音様たち』
※福岡時代（1993年）から綴っていた介護日記。篠原ホームサービスが発行するミニコミ誌「夢中くらぶ」に連載。
『「ありがとう」は祈りの言葉』（佼成出版社　2004年）
『死なないでください』（アートヴィレッジ　2006年）
『抱きしめておくりたい』（西日本新聞社　2006年）
『ありがとうの贈り物』（燦葉出版社　2013年）
『看取り士』（コスモ21　2013年）
『看取り士日記』（コスモ21　2014年）
『いのちの革命』（船井勝仁共著　きれい・ねっと　2014年）
『マザーテレサ　夢の祈り』（あうん社　2017年）
『私は、看取り士。』（佼成出版社　2018年）
『幸せになるヒント―わたしの出会った観音様たち』（ミネルヴァ書房　2019年）

その他
『抱きしめて看取る理由』（荒川龍著　ワニブックス　2017年）

※本書は30年の区切りとなる集大成であり、新たな出発点を記念する本ですが、『幸せになるヒント』は、私が看取り士となった原点と言える本です。本書を先にお読みになった方は、同書も合せてお読みいただけたら嬉しい限りです。

あとがき――日本看取り士会のこれから

第9章で書いたように、現在この国は、英国誌「エコノミスト」の調査機関による80カ国地域の「死の質」ランキングによると14位です。

多死社会に突入したこの国の社会では、死の意味をプラスに捉える価値観が必要になります。私が実践を重ねて創り上げた、プラスの死生観を伝える「看取り学」を1人でも多くの方々に伝えることが急務と感じています。また「看取り休暇」の提案を国会の場に出し、実現に向けて尽くします。

多死社会とともに独居世帯の増加も大きな問題です。〝おひとり様〟でも安心して愛の中で旅立っていける社会創りを目指していくために、看取り士会としてお手伝いをしています。

〝おひとり様〟には、契約書と共に、エンディングノート、医療代理委任状をいただくことにしています(巻末に添付)。こうしてお一人お一人の暮らしを守ること、それが私たち看取り士会の役割と感じています。

これからは専門職の方だけでなく、また女性の母性ばかりでなく、男性たちのお力とやさしさも必要です。団塊世代の男性方にはお元気なうちにもご協力いただけるよう、この場を借りてお願いいたします。また、企業の経営者、各種団体の代表者様には、「看取り休暇」のご理解をいただけましたら幸いです。

とにかくこれからの私たちは社会に広く視野を向けて、幅広い年代の方々のご協力も得ながらすすんでまいりたいと願っています。そのためにも制作した映画『みとりし』をぜひご鑑賞いただきたいのですが、もしご覧になる機会を逸した方は、各地で自主映画を開いていきますので、どうぞ最寄りの会場へ足をお運びください。また、自主上映を主催したいという方は、日本看取り士会までご遠慮なくお申し出ください。

私たちの夢は全ての人が最期、愛されていると感じて旅立てる社会を創ること、この夢に向かってこれからも尽くします。

30年にわたる看取り活動のためにご尽力いただいた全ての皆様、皆様のおかげで今日がありますs。本当にありがとうございます。そして日本看取り士会の看取り士の皆様、たくさんのエンゼルボランティアの皆様、看取り士会、「なごみの里」のスタッフの皆様、私の愛する家族。

皆様に支えられています事、何よりの幸せです。

本書を出すにあたりご尽力をいただきましたあうん社の平野智照様の真心に感謝をしております。また本書の出版を快くお受けくださったミネルヴァ書房の社長、杉田啓三様にも深く感謝いたします。

ご縁をいただいた全ての皆様に深い感謝を込めて。

すべての尊い命やさしく、やさしく、やさしくと唱えながら。

２０１９年（令和元年）夏

柴田　久美子

医療判断代理委任状（例）

私は、病気や怪我のために意思疎通ができなくなったときに、私の治療についての判断を下記代理人に委任します。私が自分で自分のことを決めることができる間は、この委任状は効力を発揮しません。

自分で判断することができなくなったら、この委任状のとおり、代理人の判断に従ってください。

日付　　　　　年　　月　　日

名前《フリガナ》

代理署名者

代理人およびかかりつけ医

代理人　名前　　　　　　　　　　　　　　　　　続柄

住所

電話番号（自宅）　　　　　　　　　　　　　　　（携帯）

かかりつけ医　名前　　　　　　　　　　　　　　続柄

住所

電話番号（自宅）　　　　　　　　　　　　　　　（携帯）

終末期について

終末期において、希望なさることを細かくお書き下さい。
例）手術の同意書の印鑑、手術の立ち会い、手術後の付添いを希望したい等

●どこで旅立ちを迎えたいですか。
□病院　□施設　□自宅　その他（　　　　　　　　　　）

●病名や告知について
□病名や余命を告知してほしい　□病名や余命を告知してほしくない
□病名だけは告知してほしい

●延命治療について
□延命治療をしてほしい　□苦痛を伴う延命治療はしないでほしい
□一切の延命治療はしないでほしい　□苦痛を取り除く処置はしてほしい

●ドナーカード（記入済のもの）
アイバンク（眼球銀行）や臓器提供のカードを記入して持っている人は、身近な人に伝えておきましょう。
□持っている　□持っていない
持っているカードの種類（　　　　　　　　　　）

●後見人
「成年後見制度」は、認知症、知的障がい、精神障がいなどの理由で、判断能力が不十分な人の財産や権利を保護し、支援する制度です。 家族、友人、弁護士、司法書士、社会福祉士などに依頼することができます。
□決めている
氏 名＿＿＿＿＿＿＿＿＿＿
住 所＿＿＿＿＿＿＿＿ 電話番号＿＿＿＿＿＿＿＿
□決めていない＿＿＿＿＿＿＿＿

●お墓について
□決まっている　場所（　　　　　　　　）□決まっていない

●宗派について

連絡先リスト―あなたの最期を支えます―

あなたのお名前	
あなたの御住所	
あなたの電話番号	

● ご家族、ご親族、知人等のご連絡をさせて頂く方のお名前をお書きください

	お名前	間柄	住所	電話番号
1				
2				
3				
4				
5				
6				
7				
8				
9				
10				

幸せな旅立ちのために

エンディングノート

腕の中で抱きしめてたった１人 たった１分でも
愛を与えてあげることができれば、
この世に生まれてきた価値を与えることになる

一般社団法人日本看取り士会

「NPO法人葬送を考える市民の会」様の、
旅立ちのノートを参考とさせて頂きました。

私からのメッセージ

あなたが愛した人へ、夫へ、妻へ、子どもたちへ、お世話になった方々へ、この文章を書くに至ってあなたの気持ちを伝えましょう。
例）
私は自分らしく生き、自分らしく死んでいきたいと、あなたたちに迷惑をかけながらも、納得のいく人生を送ってきたつもりです。ですから最期も自分らしくと思っています。
私の最期のわがままです。どうぞよろしくお願いします。

年　　月　　日
署名　　　　　　　　印

《著者紹介》

柴田久美子（しばた・くみこ）

1952年　島根県出雲市生まれ。
老人福祉施設勤務を経て、病院のない離島に看取りの家「なごみの里」を開所。
2012年　一般社団法人「日本看取り士会」を設立。
現　在　一般社団法人なごみの里代表理事、一般社団法人日本看取り士会会長。
著　書　『私は、看取り士。』佼成出版社、2018年
『マザーテレサ　夢の祈り――看取り士20人の想いと願い』（編著）あうん社、2017年、ほか多数。
一般社団法人日本看取り士会（http://mitorishi.jp/）

［企画編集］あうん社　平野智照
［制作協力］丹波新聞社

この国で死ぬということ

2019年９月30日　初版第１刷発行　〈検印省略〉

定価はカバーに
表示しています

著　者　柴田久美子
発行者　杉田啓三
印刷者　藤森英夫

発行所　株式会社　ミネルヴァ書房
607-8494　京都市山科区日ノ岡堤谷町1
電話代表　(075)581-5191
振替口座　01020-0-8076

　亜細亜印刷

ISBN 978-4-623-08756-3
Printed in Japan

幸せになるヒント　わたしの出会った観音様たち

柴田久美子著　島根県の離島で一三年、介護福祉士として旅立つ人を看取った珠玉の日記から看取り士の原点となった日々を紹介。新書判・二三二頁・本体一〇〇〇円

日本発　母性資本主義のすすめ
●多死社会での「望ましい死に方」
藤　和彦著　四六判・二五六頁　本体二〇〇〇円

めざすは認知症ゼロ社会！
スマート・エイジング
●華麗なる加齢を遂げるには？
川島隆太著　四六判・二五六頁　本体二六〇〇円

生老病死の医療をみつめて
●医者と宗教者が語る、その光と影
中井吉英編著　四六判・二二四頁　本体二五〇〇円

ホスピス医が自宅で夫を看取るとき
玉地任子著　四六判・二五六頁　本体一八〇〇円

ミネルヴァ書房
http://www.minervashobo.co.jp/